2023

兔年開財運賺大錢

奇門遁甲易經占卜解讀投資趨勢，

奇門基因風水造吉財運滾滾來

陶文

易經理財專家

【自序】

冥王星大遷徙，
大轉變的流年

不用很厲害才開始，要先開始才會很厲害。

人生如星辰，有固定的行徑，卻有許多的不期而遇。

機會在每一分鐘都有可能出現，等你準備好了，機會也流失了。常聽說「機會是留給準備好的人」，事實上當你在路上時，你已經準備好了。

冥王星在今年3月將會進行20年來的大遷徙，因此這是個「大轉變」的流年。冥王星從中規中矩，到不滿現實、衝撞傳統，革命的時代來臨了！顛覆的能量爆發了！

人生永遠有很多選擇，可以選擇改變，也可以被選擇改變。

癸卯太歲的清新，春天樹木奮力冒芽的境界就是「卯」。

20年一運的「三元風水」，也啟動了20年一次的大轉變。

2023大轉變的巨輪啟動了，駕駛巨輪的秘訣就在本書中。

祝福

蛻變成功，一飛沖天

目錄

|自序| 冥王星大遷徙，大轉變的流年 · · · · · · · · · · · · 002

🪷 新春開財運行事曆

新春奇門基因，造吉開運 · · · · · · · · · · · · · · · 008

新春開運祕笈 · 012

節慶求好運 · 022

🪷 奇門遁甲易經論股

【國運經濟與台股趨勢】自我改革，掌握機會創造價值

電子股趨勢 ➡ 三大變數影響，提防巨牛翻身 · · · · · · · · 040

金融股趨勢 ➡ 多方氣勢明顯，第一季是布局好時機 · · · 041

營建股與房市趨勢 ➡ 大有可為，值得關注與擁有 · · · · 042

生技股趨勢 ➡ 疫情帶動需求，第三季是獲利的時間點 ··· 044

傳產股趨勢 ➡ 把握危機入市，下半年比上半年優 ···· 045

【放眼國際】以時間換取空間，沉澱是最好的策略

國際股市分析 ➡ 美國、歐洲、中國 ············· 048

原物料布局 ➡ 黃金、石油、原物料 ············· 052

匯率走勢 ➡ 美元、歐元、人民幣、台幣 ········· 056

奇門基因風水

【奇門基因風水總論】換位思考，掌握翻轉的大機會

正北方 ☯ 綠色盆栽，順風順水好運氣 ············· 062

西南方 ☯ 礦石聚寶盆，廣納財富旺事業 ·········· 064

正東方 ☯ 白色文昌塔，化煞為權興家業 ·········· 066

東南方 ☯ 紅色花卉，財源滾滾顯富貴 ············ 068

中宮方 ☯ 開運燈飾，財源廣進旺文昌 ············ 070

西北方 ☯ 白色大象，吉氣匯聚化煞氣 ············ 072

正西方 ☯ 白色花瓶，貴人相助大翻轉 ············ 074

東北方 ☯ 擺放聚寶盆，五鬼運財旺財運 ・・・・・・・・・ 076

正南方 ☯ 橘子擺飾，大吉大利聚財富 ・・・・・・・・・・ 078

✤ 奇門基因12生肖

【生肖運勢總論】大轉變的機會，計畫一定要執行

鼠 ♦ 吉星照拂，事業能量躍升 ・・・・・・・・・・ 084

牛 ♦ 財官相生，單打獨鬥不如團隊合作 ・・・・・・ 094

虎 ♦ 大方分享，創造預期中的富足 ・・・・・・・ 104

兔 ♦ 謀定後動，安太歲趨吉避凶 ・・・・・・・・ 114

龍 ♦ 一枝獨秀，妥善化解「歲害」 ・・・・・・・・ 124

蛇 ♦ 幸福能量，讓「心想事成」如實呈現 ・・・・ 134

馬 ♦ 否極泰來，擁有一整年的轉機與蛻變 ・・・・ 144

羊 ♦ 揚眉吐氣，從打開五感體驗開始 ・・・・・・ 154

猴 ♦ 掌握機會，啟動幸福流年 ・・・・・・・・・ 164

雞 ♦ 實戰學習，安太歲祈求平安 ・・・・・・・・ 174

狗 ♦ 萬事俱備，避開獨斷獨行的思維 ・・・・・・ 184

豬 ♦ 蓄勢待發，擁有多重組合的流年 ・・・・・・ 194

東方古星座

【星座運勢總論】先放下，才有機會拿回想要的

白羊座 ★ 豁然開朗，如意順遂 ⋯⋯⋯⋯ 208

金牛座 ★ 廣結善緣，心想事成 ⋯⋯⋯⋯ 212

雙子座 ★ 謹言慎行，建立人脈 ⋯⋯⋯⋯ 216

巨蟹座 ★ 掌握機會，積極學習 ⋯⋯⋯⋯ 220

獅子座 ★ 主動出擊，積極開創 ⋯⋯⋯⋯ 224

雙女座 ★ 不疾不徐，按部就班 ⋯⋯⋯⋯ 228

天秤座 ★ 重新啟動，勇敢創新 ⋯⋯⋯⋯ 232

天蠍座 ★ 循序漸進，創造優勢 ⋯⋯⋯⋯ 236

人馬座 ★ 名利雙收，心想事成 ⋯⋯⋯⋯ 240

山羊座 ★ 大破大立，判若兩人 ⋯⋯⋯⋯ 244

寶瓶座 ★ 氣勢提升，迎接旺運 ⋯⋯⋯⋯ 248

雙魚座 ★ 壓力越大，成就越大 ⋯⋯⋯⋯ 252

癸卯年

新春開財運
行事曆

新春奇門基因，造吉開運

　　大轉變的時代，不是「驛馬星」動，而是比「驛馬星」發動還要強大的能量，並且伴隨徹底的改變，因此2023癸卯兔年是個「大轉變」的流年。值得提醒的是，不是誰在大轉變，也不是你要不要參加的問題，而是時代的巨輪轉動了。隨著動更容易掌握蛻變的能量，主動積極則有機會引領風潮成為巨輪加持的贏家。此種「大轉變」來自於至少三種因素，一是天象，二是癸卯太歲，三是元運風水轉變，當中就有兩個是20年一變的磁場。

　　冥王星在山羊座待了20年，今年3月24日離開山羊進入寶瓶，代表革命的時代來臨了。對於個人而言，代表的是一種躍升式的蛻變，疫情期間受到了委屈，在後疫情時代隨著冥王星的過宮，即使無法轉變環境，也務必要轉換心情。寧可選擇改變，也不要被選擇改變。

　　內心世界需要轉變的現象也同樣出現在「癸卯」太歲的五行結構中。癸卯太歲是由天干的「癸水」和地支的「卯木」所結合而成，天干的「癸水」會生地支的「卯木」，天生地是一種吉利的象徵，因此2023癸卯兔年在本質上是吉利的，因此風調雨順，國泰民安值得期待。不過仔細研究癸卯歲星的組合，會發現木火土金水五行結構中，癸卯太歲只出現了水星和木星，其他三個五行元素缺席，由此可知癸卯歲星是個孤獨的歲星。對應到我們身上，在2023年成功模式的運作，必須從合作開始，因為那是金星，然後是多元學習，以補足癸卯

太歲財氣的缺口，即便是和人聊天也是一種好的學習。

另外一個很重要的現象，那就是「元運風水」中的「下元八艮運」將會在2023年結束，2024年將會展開新的元運，那就是「下元九離運」。換言之，2023年冥王星還是會先進退一番，2024年才會正式入主寶瓶座。2023是元運的看守年，同樣為自己安排學習的機會，因為這也是個不適合單打獨鬥的一年。

歲星太歲的「卯」，其實就是樹葉的代表，而天干的「癸水」就是晶瑩剔透的露水，因此這樣的干支結合是優雅的，是提供出發資源的歲星，書桌左前方擺放一盆綠葉，隨身攜帶葉子造型的飾物迎接「癸卯」歲星的欣欣向榮。

癸卯兔年奇門基因風水方位旺運祕訣

太歲方：（也是病符方）

癸卯太歲方位在正東方，就「太歲可坐不可向」的原理，公司或是自己的事務位置可以安排在「太歲方」。不過可惜的是，由於2023年的正東方剛好是「病符星」飛臨的地方，因此公司重要主管、財務、業務等部門最好不要設在正東方。如果依然擺設，也不會因為一年的風水輪動而搬遷，那麼就該老老實實地擺放「帝王水」，等到「帝王水」發酵了，鹽巴成長外溢了，功效就開始了。「帝王水」如何製作，請參考〈奇門風水〉。

有道是「太歲頭上不可動土」，因此正東方和坐東向西的房子，不應該動工與出現重大修造之舉。如果勢在必行，必須做好淨化的功

課。用已使用過的掃帚清掃一番，再用「帝王水」撒淨。

擺放了「帝王水」之後，正東方的太歲星、將星、文昌星與貴人星才有機會展現神力。另外，黑曜石貔貅可以化煞，文昌塔燈可以提升「太歲文昌星」的氣息，亦可擺放紫晶洞。

歲破方：（也是貴人方）

「歲破」就是「沖太歲」。癸卯年的歲星在正東方，而位於180度的對立方，亦即正西方的「酉辰次」，就是歲星對沖的「歲破方」。就「太歲可坐不可向」的原理，和太歲對峙的位置是不吉利的，如果可以選擇或調整，還是寧可信其有地移開為宜。然而如果無法移動，可以在房子的正中央（不影響動線的位置）擺放一盆「陰陽水」，既可提升流年「四綠文昌星」的吉利能量，同時也化解的「歲破」的不協調。「陰陽水」的製作，請參考〈奇門風水〉。

2023年的正西方是「貴人星」飛臨的位置，這是九星風水中的一級吉星，適宜擺放圓形飾物，最典型的就是水晶球，圓形的風水畫也可以，亦可擺放或懸掛圓形的時鐘，營造時來運轉化煞為權的效果。

文昌位：

流年「文昌星」有兩種，因此「文昌位」經常會出現在兩個不同的位置上。2023年「九星風水」的「文昌星」在屋宅的正中央，風水學中會以客廳認定之，因為屋宅中央布局會影響動向，而客廳是家人最常聚在一起的地方，所以客廳可以代表中央一樣的精神位置。

另一個「文昌星」是「太歲文昌星」。2023癸卯兔年的太歲文昌星就是「卯」，而「卯」的位置就在「正東方」。「正東方」也是太歲方，更是「病符星」飛臨的地方，因此需要擺放「帝王水」化病為

祥。這裡的「文昌位」不適合點一般的文昌燈，不論是檯燈、立燈、崁燈還是鹽燈都不適合，因為容易提升「病符星」的厄勢力，唯有擺放「文昌塔燈」才能夠展現「化煞為權，化病為祥」的神效。

文昌星就像桃花星，也是財富星。文昌和人緣經常劃上等號，居家或辦公室的「文昌位」若布局得當，不但人緣佳，幸運之神也願意眷顧。「病符星」只會搞壞「文昌星」的磁場，因此務必化解，否則會更進一步影響到最熱愛的荷包。

新春開運祕笈

步驟1除殘：（接「天心」開運法）

　　台灣諺語：「大拚厝，才會大富貴。」除舊布新為的就是調整磁場，迎接新年新氣象的好運勢。在風水學上的「大掃除」其實就是化煞與除晦，將積累一整年的污穢，在歲末之際清掃，以便迎接新的好風水能量。因此「大掃除」在風水布局上被稱為「除殘」，也是「接天心」的一種。

　　風水上真正的「接天心」，指的是「元運」與「元運」交替的時候所進行的儀式。而年與年的交替其實也十分重要，因此陶文老師才會刻意使用一些篇幅來告訴你如何「除殘」，為的就是迎接嶄新的流年幸運氣勢。無巧不成書，2023年正巧是「下元八艮運」的最後一年，2024年之後就要進入「下元九離運」，因此這一次迎接2023年的大掃除就更加重要了。再加上冥王星在2023年進行20年一次（和元運一樣）的大遷徙，於是2023年的「接天心」是開創未來20年好運的起手式。

　　既然「大掃除」這麼重要，日子的選擇自然是馬虎不得。「大掃除」之所以被稱為「除殘」，那是因為要徹底清除晦氣。在農民曆上可以看到每個日子都有一個「十二建除神」，其中的「除日」和「破日」對於清除「晦氣」特別有效，想要改運、逆轉勝的人最適合在這一天拜拜轉運。

溫馨提醒：大掃除就像開工，選對吉日開始，就可以在往後的日子裡逐步完成，重點在於啟動的日子。

絕佳「除殘」日期分別如下：

❶ 陽曆1月8日星期日（臘月十七日）「除日」：「月德吉星」照拂，是除晦效應超強的「除日」。吉利的時間是「巳時」，早上9點15分至10點45分，方位從「西北方」開始。還有「申時」，下午15點15分至16點45分，方位從「東北方」開始。

❷ 陽曆1月13日星期五（臘月廿二日）「月破日」：是最好「破除」晦氣的日子，除舊的效果更加理想，而布新的能量也會更強大。時間以「子時」為佳（半夜23點15分至0點）。方位從「正南方」開始。（大掃除如開工，吉時先開個頭，後續就百無禁忌地順勢進行。）

❸ 陽曆1月20日星期五（臘月廿九日）「除日」：除夕的前一天，是超級理想的「除殘日」，由於這一天具有「官祿星」、「印祿星」、「人緣星」同時併臨，這一天的大掃除對於家庭成員的事業與貴人運具有強大的助益。時間以「巳時」（早上9點15分至10點45分），方位從「東南方」開始。還有「申時」，下午15點15分至16點45分，方位從「正西方」開始。

步驟2送神：

早期的「送神」，指的是送「灶神」。論語：「與其媚於奧，寧媚於灶」，可見「灶神」在古時候就深受人們的敬重。不過孔子認為「老天」才是最值得尊重的，而在臘月廿四日將「灶神」送上天述職，自然會是最大的尊重了。時代變遷，現在的「送神」成為了送家中所祭祀的神明，亦即「送百神上天」。

「送神早，接神晚」因此送神日通常會在臘月廿四日的清晨，甚至於「早子時」。因為送了神，才方便百無禁忌地執行清掃事務。「送神」儀式需要準備鮮花、發糕（蛋糕）、糖果（麥芽糖最好），拜拜金紙可請教金紙店老闆，不過請務必另外添購「天馬金」和「甲馬」，備妥交通工具以便「送佛送上天」。

吉利時間：**陽曆1月15日星期日，陰曆臘月廿四日**。天貴吉星照拂，是送神的吉利日辰，零點十八分執行最佳。

溫馨提醒這一天的「巳時」請前往當初安太歲的廟宇「謝太歲」，感謝「太歲星」一年來的照顧，並且在廟宇進行「送太歲」的儀式。

吉利時間：**巳時（9點至11點）**。

步驟3清鈍：

送神之後才可以清鈍。

將神龕上神明與祖先的香爐請下，佛龕清掃一番，再將香爐內的香灰用磁湯匙掏出，千萬不可將香爐倒扣，「倒爐」代表的就是「傾家蕩產」。篩掉香腳殘渣，留下三分之一舊的香灰，篩過後再加上新的香灰。溫馨提醒，過程中香火不能熄滅，因此建議最好使用環香。

壓寶招好運：在傳統上是壓「五寶」，現代則在香爐底下放十二枚硬幣（幣值依香爐大小而定），一正一反緊密排列，代表四季進財、月月平安、日日興旺、八方迎貴、招財納福，因此稱之為「壓寶」。（可在爐底錢幣的中央位置，擺放經過奇門遁甲開光的「黃金虎眼一葉致富石」，讓家運欣欣向榮，健康、事業、財富、人丁……皆如綠葉生氣盎然。詳細可聯繫陶文老師。）

溫馨提醒：祖先香爐內不宜壓寶，更不可擺放任何物件。

吉利時辰：廿四日送了神即可開始，今年最為吉利的日辰有1月17日（臘月廿六日），吉利時辰，辰時（早上7點至9點）這是特殊時間，運勢超背的人使用，逆轉勝的能量超級強烈，一般人請不要選用。其他吉利時辰，午時（早上11點至下午1點）和申時（下午3點至5點）。

步驟4照虛耗：（暖歲與續旺氣）

「除夜明燈床下，謂之照虛脫」《朝淳歲時記》如此記載。這就是所謂的「照虛耗」。不過也有人這麼說，古時候是為了不讓耗子偷吃過年的食物，因此燈火通明，後來發現這樣做可以讓家宅運氣更好。除夕夜當天開始一直到年初五，家中各處都要維持燈火通明狀態，日夜都如此，除了因為財神不入穢門，喜歡選擇明亮之宅外，也有「暖歲」與「續旺氣」的神效。

想要接旺氣就請不要省那一點點的電費了，初五之後，請在玄關與客廳留下一盞一整年的開啟的「旺宅長明燈」。

步驟5接財神：（三元吉時接財神）

想開啟一整年好運勢，一定要虔誠地確實執行，尤其是「天星大轉移」的今年。

除夕晚上和正月初一日交替的時間，就是所謂的「三元及第」的時間。

「元」代表好的開始，除夕晚上0點整，是一年、一月、一日的開始，也是專家高人所說得「三元及第」大吉時，三元指的是「歲之元，月之元，日之元」。「三元吉時」接財神是開啟一整年旺運的重頭戲，除了旺宅、旺財外，還可營造「三元及第」的吉象，除夕夜跨年之際，在大門外燃放鞭炮，更有催旺發達之功。

值得一提的是，面對這新春期間最重要的活動，不管你人在哪裡，家中、外地都要執行，因為可以啟動一整年好運氣。「三元及第」在古時候是指連續考中鄉試、會試、殿試且第一名的人，被稱為「連中三元」。而現代人的「三元及第」是指好事接二連三，好運旺旺來。

在此「三元吉時」於神龕前拜拜接財神可旺財富，發事業。家中沒有安神位者，可前往廟宇，或在家門口、前陽台雙手合十默拜（面

財庫位如下：

坐西北向東南	➡	（東北方）
坐北向南	➡	（西南方）
坐東北向西南	➡	（西北方）
坐東向西	➡	（北　方）
坐東南向西北	➡	（西南方）
坐南向北	➡	（西　方）
坐西南向東北	➡	（東南方）
坐西向東	➡	（北　方）

向東北方為佳），誠心祈禱，迎接財神入宅，有點香就將香插在屋宅的財庫位或佛龕香爐。

步驟6元旦焚香開門出行：

焚香開門：亦即「開財門」，其實在除夕夜24點（正月初一日零點）的「三元吉時」的放鞭炮許願就已經執行。

走春：台灣諺語：「走春，走春，愈走愈春。」其中的「春」有「儲存」、「圓滿」、「豐盈」和「順心如意」的意涵。大年初一第一次出門就是「出行」，也稱為「走春」，亦即「走喜神方」，其實已然運用了「奇門遁甲」的時空旺運策略，迎接最好的吉氣讓新的一年好運連連。

2023年的大年初一是「庚辰日」，是「天德」與「月德」兩大吉星照拂的日辰。再加上「福祿星」與「貴人星」暗中護持，這一天的「出行」等於在迎接福氣、貴人、事業、財運，最重要的家宅興旺與健康順遂。

焚香關門：取酉時拜拜關門，是為了將已經接收的好運與財富，收藏在家宅中，享用一整年。

出行：大年初一的第一趟出門，亦稱為「走春」、「走喜神方」或「行大運」，至少走365步以上，代表好運一整年。逢人道恭喜，具有「心想事成，旺財旺運」的吉利之應。此法十分應驗，想好運旺旺來就一定要執行。

出行吉時和方位：

卯時（5點15分～6點45點）財祿時：

方位：正北方「開門」，也是太歲星的「財神方」，又是九星「暗貴人吉慶方」，此方出行代表事業貴人明顯，加官晉爵，興盛繁榮。正北方行走大約365步之後，轉往東北方和正東方，迎接太歲「天乙貴人」和「太歲星」，讓貴人能量旺盛一整年。

巳時（9點15分～10點45分）官祿和福祿時：

方位：東北方「生門」，也是太歲星的「陽貴人方」與「歲祿合方」，又是九星「大蛻變星」飛臨的位置，此方出行代表有機會和天星的大轉變同步，讓整體運勢來個正向大蛻變，「鯉魚躍龍門」就是此種意境。東北方行走大約365步之後，轉往正東方，迎接太歲「天乙貴人」，讓貴人能量旺盛一整年。

申時（13點15分～14點45分）日祿時：

今年較為特殊，多了一個下午的時間，一般走春都會在早上，不過對於需要霸氣蛻變的2023年來說，這個時間的「日祿」三合星，具有極大的旺運大能量，這個時辰格外神祕，值得掌握。

方位：西北方「開門」，也是太歲星的「喜神方」與「太歲三合方」，又是九星「橫財星」飛臨的位置，此方出行代表興家創業，發橫財、旺業績與田產。往「西北方」行走365步之後，再轉往「正北方」，然後「東北方」，最後在「正南方」廟宇拜拜，創造「五鬼運財」的大能量。如果你想發財，想發大財，這個時辰的奇門遁甲走春祕訣，一定要老實執行。值得提醒的是，早上已經走春的人，這個時辰同樣可以再進行一次喔！

步驟7接天神：

　　年初四日是迎接天神回到凡間繼續考核人間善惡的日子。俗云「送神早，接神晚」，因此接神時間大部分在傍晚時刻。不管讀者們用什麼樣的金紙，一定要記得加上「甲馬」，讓神威更加顯著。

步驟8祭財神：

　　初五日俗稱為「送窮日」，將過年期間所累積的垃圾送出家門。在習俗上，初五才是接財神的日子，不過由於為了提防給別人先接走了，於是一家比一家早，就出現了筆者前述之除夕夜的「接財神」動作。

步驟9開張、開市拜拜：

　　好的開始，是成功的全部。更何況是想興盛一整年的新春開張，自然是馬虎不得。不但日辰要好好挑選，拜拜的儀式與供品也要精心準備。一般來說，新春開張只要農民曆記載「好日子」，一般人都踴躍執行。至於有人選「方便的日子」，難怪事業也是在「方便」中默默無聞。事實上，不同行業的開張日也大不相同，例如生意人要選與財星、財氣有關的良辰吉時，而主管級或公職人士，則宜以官祿、印祿興盛的日與時。

　　另外值得提醒的是，不論老闆是哪一種信仰，開張拜拜這件事非進行不可，因為那是讓員工有FU的動作，只要不拿香就從善如流吧！完美無瑕的拜拜儀式，也在向員工們宣告「沒不景氣，只有不爭

氣」以及「沒有壞運勢，而是沒有盡全力」。

有趣的是，很多人知道要開張拜拜，卻不知道要為自己一整年的好運勢開張。初一是最好的日子，出行之後就到附近廟宇，安太歲（每個人都需要安）並且拜拜開啟好運正能量。

開張吉日如下：

初五日（甲申）：**諸多吉星照拂，這是開張拜拜的大吉日。**

開張時間：巳時（9點15分至10點45分）為「官祿」、「福祿」、「貴人」同步降臨的「六合時」，這是2023年最為吉利的開張日辰。

亥時（21點15分至22點15分）為「日辰福祿星」超旺的時間，對於經營夜間生意的人士而言，這是十分理想的開張吉日良辰。

初八日（丁亥）：**這一天有「歲德吉星」加持，諸事皆宜。**

由於同時也具有「日坐官祿」與「福祿」的吉象，再加上「天地正合」與「官印相生」的吉利現象，這一天的開張拜拜最容易啟動一整年的事業與財富能量。

開張時間：午時（11點15分至12點）為「日祿時」，對於個體戶、工作室、服務、行銷、創意、演藝、文化等業者而言，最為吉利。

十一日（庚寅）：**天德與月德兩大吉星照拂的日辰。**

這一天的「日坐偏財祿」現象中多了「智慧生財」的能量，因此這一天最適合上班族、創意、行銷、開創、直播、電商等事業經營者，或希望公司與事業可以成功轉型的經營者。

開張時間：午時（11點15分至12點）為「三合將星時」同時也是

「異路功名時」，適宜開創型的事業。尤其經過了疫情的影響，想要重新站起來的企業，當然「文市」業者更為適合，如企劃、行銷、公關、文化、創意、教育、演藝、網路等行業。

十五日（甲午）：「天貴星」主事的「三合日」。

同時也是「上元天官賜福日」。蘊藏著十分強烈的「財源生財」能量，對於商務買賣與業務行銷業者而言，這是個有機會幫助突破瓶頸大好日子，不過有必要整個團隊一起拜拜祈福。

開張時間：巳時（9點15分至10點45分）為「財源吉星」、「財祿吉星」與「貴人星」併臨的時間，此時拜拜開張可望「名利雙收」。

節慶求好運

　　大轉變的時代來臨了！冥王星大遷移，牽動的是改朝換代與改頭換面的大蛻變能量。土星進入雙魚座，這是一種讓夢想實現的現象，就從今年開始。另外，元運也在更替了，2023是「下元八艮運」的看守年，這一年的開運策略與趨吉避凶決定了用什麼樣的態勢迎接「下元九離運」，而「九離運」就是徹底翻轉的大時代。想要創造未來20年的好運勢，就要從一年中的每一個節氣與節慶的宇宙蛻變氣息的掌握開始。自古以來節慶開運與轉運的效果都十分神奇，那是因為節氣的更迭，陰陽汰換的效果。例如「四立」就是季節的交換，而「二分」與「二至」則與大自然陰陽交替有關。雖然科學家說，氣候溫度將會影響空氣中的細菌，進而影響人們的情緒與生理變化。不過科學家也間接認同，在這些特殊的時間點所執行的開運策略，具有一定的神奇能量與功效。自古流傳下來的每一個節日與吉慶肯定有其道理，除了是生活上共同意識與信念外，最重要的是特定季節或節日的慶祝則充滿著民族的「眾念」，掌握住節慶開運與轉運的節奏，自然可以讓自己成為幸運的人。

(1)天赦日開運：想擺脫衰運，絕對不可以錯過這天

　　「天赦日」顧名思義就是老天爺赦免災厄的日子，而這個老天爺在道教來說指的就是玉皇大帝，從宇宙最高領導人所賜予的轉運與除錯的機會，就如國家大赦一般，是個可以有效除厄運、轉好運的大好

日子。

根據古書記載，「天赦日」就是「季節專氣」的日辰，例如春天是「戊寅日」；夏天是「甲午日」；秋天是「戊申日」；冬天是「甲子日」，是季節中的「祿日」或「望日」，是生氣蓬勃的日辰，玉皇大帝賜與赦過宥罪的能量，對於消災化煞與祈福添壽而言，最是神奇靈驗。不過值得提醒的是，對於婚姻這件人生大事而言，卻未必適用。讀者們可以掌握這個老天爺賜給我們的轉運日，赦免掉生活上的小罪、小過或小人，這一天的造吉祈福同時也具有擺脫衰運的神效。請依照日辰再配合「奇門遁甲」的時間與空間共同運用，讓整體運勢有機會因為做了修正，而讓生命愈來愈豐富精彩。（「奇門遁甲」詳細訊息，請參考陶文老師官網。）

溫馨提醒：這一天祭拜的主要對象是「玉皇大帝」，只要在每個宮廟的主爐上香默禱，就是在祭拜「玉帝」了。

2023年一共有6個天赦日：

2023年1月6日	十二月十五日	甲子日
2023年3月21日	二月三十日	戊寅日（這一天正巧是「春分節*」，開啟好運勢的能量更強了）
2023年6月5日	四月十八日	甲午日
2023年8月18日	七月初三日	戊申日
2023年10月17日	九月初三日	戊申日
2024年1月1日	十一月廿日	甲子日

---

* 春分節是天星曆一年的開始，掌握這一天調整好方向，聚集能量，繫好安全帶全力衝刺起飛。

奇門遁甲開運：時間：午時（11點至13點）方位：正西方、西北方和正北方。布局居家風水，前往廟宇拜拜祈福。

(2)小過年（元宵節）：一年一度最強的開運日

這一天的祈福造吉，最有神效。

求財得財，求緣得緣，就在這一天！

陶文老師運用「奇門遁甲」開運策略，效果更加強烈。

這一天是元宵節，亦即上元節，是「上元天官賜福」的大好吉日。這一天大利拜拜祈福，過年期間的安太歲與點燈儀式，將在這一天進行。這一天是小過年，因此宜出行接喜神和財神，更有機會旺情緣，至於轉運與改運自然也就不在話下了。

上元天官乃賜福之神，生於正月十五日；中元地官乃赦罪之神，生於七月十五日；下元水官乃解厄之神，生於十月十五日。因此，此「上元佳節」也就被認為是上元天官賜福的佳節良辰了。這一天越歡樂，運勢越興旺，而這也是傳統習俗之所以張燈結綵的原因。

奇門遁甲開運：

❶ **時間**：巳時（9點至11點）**方位**：東北方、正東方和東南方。布局居家風水，前往廟宇拜拜祈福。

❷ **時間**：亥時（21點至23點）**方位**：東南方、正南方和西南方。布局居家風水，面向正南方冥想，心想事成。

(3)頭牙、土地公誕辰：

二月初二，龍抬頭，據說冬眠的龍到了這一天將會被春雷所喚醒而抬起頭來。其實「龍抬頭」和「星宿」有關，「蒼龍七宿」的「角宿」就是龍的「角」，每年的這個時候出現在東方的低空。因此「龍

抬頭」這一天雖然同時也是土地公誕辰日，這一天除了祭拜土地公外，也是迎富貴的日辰。

癸卯年二月初二日正巧是「庚戌日」，亦即「小龍日」，因此這一天依舊適宜「拜龍神」，代表的是「飲水思源」與「廣結善緣」。

不過大家比較熟悉的還是「頭牙」，老闆請員工吃「頭牙」為的是要先感謝未來一年的幫忙。然而，這一天前往土地公廟拜拜，祈求一整年的福氣才是最重要的。拜土地公別忘了祭拜土地公的坐騎「黑虎將軍」，再向「黑虎將軍」換取「錢母」，拿回家後一份放進聚寶盆，一份存入銀行，另一份隨身攜帶，讓財運興盛荷包滿滿。

奇門遁甲開運：

❶ **時間**：辰時（7點至9點）**方位**：西南方、正西方和西北方。布局居家風水，前往廟宇拜拜祈福。

❷ **時間**：酉時（17點至19點）**方位**：正南方、西南方和正西方。布局居家風水，前往廟宇拜拜祈福。

(4)文昌星君誕辰：

二月初三（辛亥日，財官併臨）前往文昌星君廟拜拜，旺事業、利升遷、求功名、旺財富。

適宜的祭品：蔥、蒜、芹菜、蘿蔔、竹筍、糕點、包子、粽子……為佳，其中選擇三樣即可。

另外宜準備壽桃向文昌帝君祝壽，如果不方便，可以海綿蛋糕取代之。

不宜供品：烏龍茶象徵擺烏龍、丸子則等於完蛋、鴨蛋更是0分的代表、紅龜粿則有槓龜的意涵。

奇門遁甲開運：

❶ 時間：辰時（7點至9點）方位：西北方、正北方和東北方。布局居家風水，前往廟宇拜拜祈福。

❷ 時間：亥時（21點至23點）方位：正南方、西南方和正西方。布局居家風水，面向這些方位冥想，心想事成。

(5)端午節：繫「長命縷」

端午節是一年中陽氣最盛的日子。

今年的端午節是在「夏至」之後，陰氣將會逐步成長。

因此掌握住這陽氣最旺盛的節日，換手氣、除晦氣，讓好事如願以償。

傳統習俗上，這一天會掛艾草避邪氣，接午時水除瘴氣，製作香包招吉氣，立蛋試運氣……。

今年的端午節格外不同，除了後疫情時代防疫依舊重要，而百業待興，因此需要趨吉與避凶的不只是事業，同時全家人的健康也需要。

另外，今年是20年一次的「大轉變年」，掌握每一個節日提升能量，讓整體生命可以徹底大蛻變。因此，今年的端午節不但要執行「轉運」策略，同時還有提升「旺運」的強度。

在許多開運策略中十分建議自己製作「長命縷」，「長命縷」亦即用五種顏色的線編織在一起（市場有現成的五色線），在正中午將「五色線」打七個結，每打一個結就許一個願，並在結上哈一口氣，因此「長命縷」也被稱為「七氣結」。經過拜拜過香火繫在手上（男左女右），可盡納功名、利祿、財富、壽喜之吉氣，同時也具有化煞、防小人的作用。

奇門遁甲開運：

❶ 時間：辰時（7點至9點）方位：東北方、正東方和東南方。其中以東南方最爲神奇，布局居家風水，前往廟宇拜拜祈福。

❷ 時間：午時（11點至13點）方位：西北方、正北方和東北方。其中以東北方最爲神奇，可執行「五鬼運財」布局居家風水，前往廟宇拜拜祈福。

(6)農曆六月初六日「玉帝開天門」：

農曆六月初六日是「玉帝開天門」的日子，亦即傳統的「天貺節」，代表的是補運與祝福。

相傳在六月初六日這一天南天門會大開，有點像教宗站在「祝福陽台」爲教徒祝福一般，這一天就像「天赦日」一般，可以直接向玉皇上帝祈求，請玉皇上帝赦罪、補運。

奇門遁甲開運：

❶ 時間：子時（23點至1點）方位：正東方、東南方和正南方。其中以東南方最爲神奇，布局居家風水，面向此方位冥想，心想事成。

❷ 時間：辰時（7點至9點）方位：西北方、正北方和東北方。其中以西北方最爲神奇，可執行「化煞爲權」布局居家風水，前往廟宇拜拜祈福，化解負能量。

❸ 時間：亥時（21點至23點）方位：正東方、東南方和正南方。其中以東南方最爲神奇，布局居家風水，面向此方位冥想，心想事成。

(7)七夕拜魁星：

　　北斗七星的第一顆星是「奎星」，也稱為「魁星」，也是「首星」的意思。古時候考取狀元稱為「一舉奪魁」，而七夕這一天也是「魁星」的生日。因此七夕除了是情人節之外，拜七娘媽，還要拜「魁星」，吃牛角麵包，具有頭角崢嶸之意。前往廟宇或在夜晚朝著北斗星方向默拜，提升人緣與情緣能量，同時也開啟智慧經營事業。

　　奇門遁甲開運：

　　❶ **時間**：巳時（9點至11點）**方位**：東北方、正東方和東南方。其中以東南方最爲神奇，布局居家風水，前往廟宇拜拜祈福。

　　❷ **時間**：酉時（17點至19點）**方位**：正南方、西南方和正西方。其中以西南方最爲神奇，可執行「旺貴人」布局居家風水，前往廟宇拜拜祈福。

(8)中元節地官赦罪日：拜拜、普渡、放水燈，消災解厄

　　一年一度的「中元節」要普渡拜拜，同時也別忘記把握機會「消災祛疾解厄」，消除霉運與災病，因為中元節也是「地官赦罪」的日子。據說農曆七月十五日是掌管人間善惡稽查的「地官大帝」誕辰日，這個月祭拜「地官大帝」並誠心懺悔，可望獲得贖罪的機會。

　　七月未必事事不可為，搬家、入宅、修造能避則避，有必要也有破解祕訣。不過癸卯年的七月是「庚申月」，也是「太歲長生月」代表的是欣欣向榮的繁衍。

　　七月十五日（8/30）星期三也是「庚申日」，在「地官赦罪」的日辰這一天，「庚申月」的「庚申日」欣欣向榮的氣息更強大了，於是七月十五日成為千載難逢的「轉運蛻變日」。

　　後疫情時代，受到影響的事業可以獲得最大的能量灌注在執行

「奇門遁甲」開運的人身上，想要翻轉與蛻變就更容易了。

奇門遁甲開運：

❶ 時間：辰時（7點至9點）方位：正南方、西南方和正西方。其中以正南方最爲神奇，可執行「旺貴人」布局居家風水，或前往廟宇拜拜祈福，化解負能量。

❷ 時間：巳時（9點至11點）方位：東北方、正東方和東南方。其中以東南方最爲神奇，布局居家風水，前往廟宇拜拜祈福。

(9)秋分

召喚好運，召喚豐收，秋分，你一定要知道的開運祕訣。

白露白迷迷，秋分稻秀齊。秋分是豐收的象徵，因此這一天大利召喚豐盛，開始下半年好運勢。

春分是天文春季的第一天，代表的是一年的開始和啟動。秋分是天文秋季的第一天，代表的則是一年的收成和豐收。這兩個「分點」的白天和黑夜幾乎相等。

2023年秋分是台北時間9月23日09：04（GMT時間01：04）。從那一刻起，天文秋季就開始了。如果「春分」是「升點」，那麼「秋分」就是「降點」，「春分」的起始點是「白羊座」，嚴冬過後萬物復甦，接下來是生機勃勃和旺盛的生命力的春季。天星中的「春分盤」是觀察一整年趨勢的依據。

秋分的起始點是天秤座，酷熱的夏天過後，緊接而來的是秋天柔和涼爽，象徵的是客觀與萬物的和諧。Autumn是秋天，而Fall說的也是秋天。而「秋分」的「天秤座」，正巧是「太陽」入「陷」的位置，天星學中同樣以Fall來呈現。「春分」是出發，「秋分」自然就是收成了。因此在「秋分」這一天我們要召喚豐收，亦即醞釀豐盛好

運氣的日辰。

據說「秋分」與「社日」有密不可分的關係。社日分為春社和秋社，亦即立春或立秋後的第五個戊日，一般來說都會出現在「秋分」的前後。據說「秋分」在「社日」前，代表豐年收成好年冬，若在「社日」之後，則就不理想了。2023年的「秋社日」是9月27日，「秋分」為9月23日，因此在「秋社日」之前。這個時候，風水開運的功課就需要更加努力執行，因為可以提升豐年收成好年冬的力道。

奇門遁甲開運：

❶ 時間：辰時（7點至9點）方位：正西方、西北方和正北方。其中以正西方最為神奇，可執行「旺貴人」布局居家風水，或前往廟宇拜拜祈福，讓下半年更豐盛。

❷ 時間：巳時（9點至11點）方位：正南方、西南方和正西方。其中以正西方最為神奇，布局居家風水，前往廟宇拜拜祈福。

(10)中秋節：

八月十五日中秋節，大家都知道是月圓人團圓的好日子。不過，很少的人知道，這一天是開啟好運氣的大吉日。

古早時候，許多人家會在這一天拜月娘。只知道，拜了之後家宅會圓滿平安，小孩會頭好壯壯，平安順遂。卻不知道，八月十五日是一年中最靈驗的積緣補運日。

在這一天拜拜，可消除霉運，提升財運，讓整體運氣更好更強更旺，並且延續到明年。那就是祭拜「龍德星君」。

龍德星君是何種神祇？嚴格說起來，龍德星君並沒有專門供奉的廟宇，有人說祂就是太歲的分身，也有人說就是「洪府元帥名錦」，原為大肚溪北水里港某廟宇的主神，後因收伏馬頭精事後落居長駐武

當宮，成為玄天上帝之副將。

洪府元帥為商周時武將洪錦，據封神演義記載，洪錦原係三山關總兵官，後輔姜尚（姜子牙）伐紂，威武勇猛，尤善幻術道法，後於封神台受封，太上元始天尊嘉其神勇，封為龍德星君。據說祭拜龍德星君，可消除霉運，提升財運，讓好運旺到明年，並且諸事順心，災禍不生。更可錦上添花，幸福美滿。

祭拜時間：八月十五日晚上7點15分至8點（戌時，三合時）。

祭拜地點：宅前空地、陽台或宅前花台。

祭拜方式：設香案，擺放水果三樣、月餅（圓形餅乾）、糖果和鮮花。

提示事項：只需三炷香，不需要焚燒紙錢。

最重要的是，一顆虔誠的心。其實不設香案拜拜也行，雙手合十誠心默禱。拜拜（默禱）後，可望諸事順遂，霉運祛除，災禍不生，補運開運如錦上添花，家庭幸福美滿。

除此之外，這一天的風水布局，具有旺運、發財富的神效。無論如何，每年的八月十五日是積緣補運的日辰。

旺財法：中秋節巳時（9點至11點）屋宅或辦公室的東北方布「五鬼運財陣」，黑曜石貔貅和「聚寶盆」（內置101元硬幣+黃金虎眼一葉致富石）。

求姻緣：前往月老廟，拜拜祈福。拜拜禮儀遵循廟方指引，紅絲線繫在手上，請記住不是男左女右喔，而是女左男右，因為女士們求得是男性，而男士們求的是女性。除非不同性向。另外，記得把拜拜的香水百合插在屋宅正東方，既旺事業，也旺桃花。

吉利時間：男士們請用未時（13點至15點）方位正北方。女士們則用巳時（9點至11點）方位東南方。

簡易生基轉運法：

時間：戌時（19點至21點）

方位：西北方。

紅紙：書寫名字、生辰，祈福與轉化事務。

儀式：放進紅包袋內，埋在泥土中。

(11)重陽節

登高、賞菊、喝菊花茶或酒，趨吉避凶，步步高升。別忘了「敬老尊賢」，這是最佳狗腿日。

(12)冬至吃湯圓

冬至一陽生，吃湯圓升陽氣。白色湯圓添貴氣，紅色湯圓旺姻緣與人緣。祭拜祖先，旺子孫。

癸卯年

奇門遁甲
易經論股

自我改革，
掌握機會創造價值

　　2023癸卯年是個很奇特的一年，不是每一個人在有限的生命中都可以遇到的，這些千載難逢的奇特現象牽動了世界事物的變化，同時也牽連著每個人的事業、家庭、健康和投資求財。

　　第一個最大的奇特現象是「大轉變」，改朝換代、改頭換面與改弦易轍的「大蛻變」。

　　改朝換代是大轉變的寫照之一，對於市場而言，獨一無二的事業或事物，未必還能夠維持；市場上的龍頭產業或公司，也將會出現寶座異位的現象。不過也容易出現與預期相左的情況，那是因為原來就優秀的產業或公司，進行了自我改革。換個角度來說，這一年的流年氣息又回到了陶文經常掛在口中的「不選擇改變，將會被選擇改變」，並且更貼切。

　　牽動「天文」「地理」的震撼式「大轉變」。

　　影響大環境與市場脈動的不只是經濟與疫情的逼迫，而是整體環境磁場的能量所致，那就是和宇宙能量有關的天星、太歲與風水。常聽說「天文地理」，可見「天文」和「地理」是相對應的，因此最早期的「天文」是「天紋」，告訴我們的是天體行星的移動與刑沖剋合，與地貌的形成有關，更和世界發生的事物息息相關，因此出現在2023年的重量級行星大遷徙，應該就是2023年的世紀課程。

死亡與重生，從嚴守紀律到霸氣革命。

冥王星是超級重量級的行星，代表的是尊貴與嚴肅，同時也描述了死亡與重生的特質，這其中還有霸氣蛻變的意涵。將於3月24日春分後第三天，離開山羊座，進入寶瓶座。從尊榮的位置到改革的領域，一場霸氣的革命呼之欲出。另外，土星也將在3月7日離開寶瓶座進入雙魚座，同樣代表這個世界將會收斂起不切實際的幻想，放手迎接霸氣革命時代的來臨。

物換星移，速戰速決。

木星是太歲星，同時也是流年中整體事物演變的代表，對於投資求財而言，則是國際財經趨勢的代表。木星（太歲星）是第一吉星，木星的順逆與相位吉凶都在顯示當下環境的好與壞，木星於2022年12月20日離開雙魚座，進入白羊座，用極快速的方式，只用了148天走完365天的路程，於5月17日進入金牛座，從此開啟金牛世界能量，而國際財經也將在這個時候開始進入高峰。不過當木星在9月4日進入逆行的時候，投資人就要提防國際整體經濟的變數了。

文昌太歲如煙火，璀璨但很難掌握。

癸卯是2023年太歲干支，這是一種清新的組合，因為「卯」的季節位置在萬物復甦的春天，也是「春分節」的月份，植物感受到大自然的呼喚而欣欣向榮的時段。而「癸卯」太歲的水生木結構，讓地支的「卯木」成為了天干「癸水」太歲的「文昌星」，代表2023是個充滿「機會」的一年。

雖然如此，但只因癸卯太歲的五行架構中，除了人脈的水星和機會的木星，其他五行都不明顯，如財氣的火星，事業成就的土星以及收穫與穩固的金星，都需要自我創造。

山不轉路轉，路不轉人轉，掌握「亮點」機會創造價值，放大「幸運點」設妥目標，合作前行。

　　面對如此巨變的流年，五行如此不平衡的太歲結構，唯有掌握住歲星「亮點」，放大「幸運點」，才容易成為2023年的大贏家。歲星「亮點」，對於個人來說是主動學習與改變，對於企業則是積極轉型與引領市場，對於投資求財而言，生活、交通、網通、生醫、消費型電子、景氣落底等概念標的是「亮點」，金融、資產、傳產、宅經濟、雲端、晶圓代工、貨櫃航運、資產、景氣循環等概念標的則是「幸運點」。「亮點」標的宜短線積極運作，「幸運點」標的適宜穩健型投資法。

　　風水輪流，放眼未來，布局財富。

　　2023年是「下元八艮運」的最後一年，2024年則是「下元九離運」的開始。這兩種「小元運」有什麼不同，簡單直白地說，那就是典型的物換星移，從傳統到天馬行空，從各自為政到統一規格。對於替換性強大的投資標的，值得投資，但不值得長期擁有。首當其衝的是手機充電線規格的統一將在2024年從歐洲開始，那癸卯2023年要如何投資就是大學問了。

台灣國運

　　【坎為水卦】是2023年台灣國運卦象，雖然這是個描述困難的卦象，不過這一卦的氣數排列重點，卻在於謹慎與小心，最直接聯想的就是低調。兩岸事務冷處理，為的是避免擦槍走火。國際事務需要流水的智慧，那就是順勢而為與見風轉舵。這兩種說法都屬於明哲保身的策略，卻也凸顯出左右掣肘的尷尬，不過相信大有為的政府知道該

如何趨吉避凶。癸卯年的水氣十分旺盛，【坎為水】也是個水星氾濫的卦象，2023年對於防汛這件事有關單位恐怕需要提前布局。

再以卦象中的氣數排列角度觀察，發覺了孤掌難鳴的窘況。卦象中「飛龍在天」的氣勢依舊，不過卻不見繼續飛揚的後繼力道，如果搭配「大轉變」的環境背景，除非出現奇蹟，否則改頭換面的跡象將會逐步蔓延。「大轉變」是好事，不論是政策的由逆轉正，還是人民的幸福由底部往上翻轉，都是好事。「習坎」是《易經》給的鼓勵，那就是「習慣就好了」，以及熟悉如何處理危機的方法，不過【坎為水卦】最值得珍惜的是中流砥柱的擔當和突圍的智慧。

台灣經濟

【澤地萃】是2023年台灣經濟卦象。這一卦說的是萃聚，是一種能量的聚集，當卦象中的氣數排列理想的時候，這一卦也代表出類拔萃。經濟大環境目前十分緊張，俄烏戰事前景堪慮，美國將持續大幅升息，而央行終將「有感跟進」；房地產市場和消費者非必要支出減緩；高通膨⋯⋯。還能夠占得相對吉利的【澤地萃卦】，代表台灣的經濟實力是值得肯定的。再以卦象中的多空架構角度觀察，發覺經濟減緩無從避免，不過卦象中造成大衰退的元素卻十分不明顯，即便主導卦象的主要元素氣勢並不理想，代表政府可以執行的政策有限，然而即便如此，還是見到了相對於國際經濟大衰退的支撐。

就卦象而言，上半年的經濟情況較為不理想，不過進入第二季之後容易出現市場負能受到控制或減緩的趨勢。有意思的是，第三季出現了陽光，屬於那種黑暗到了極點的黎明式陽光。由此可知，其實2023年的整體經濟並不像世界銀行所說的那麼不堪。

台股

　　如果說，2023年是財富重新分配年，你會相信嗎？你會想要參加嗎？

　　打開投資新聞，充斥都是哀鴻遍野的訊息，有人在問「2萬點在哪？」因為截至陶文撰稿當下，2022年的年線下跌了4,624點，跌幅25.48%，低點一度見到13,273點，這是2020年11月中的低點。也難怪投資人不開心，因為這樣算起來應該是白忙了兩年。在經濟利空消息不斷，地緣政治問題也如火如荼之際，台股到底何去何從？2023年真的如此不堪嗎？2023年真的是財富重新分配年嗎？且讓我們用「易經占卜」、「天星現象」、「太歲氣勢」和「元運風水」角度解讀。

　　癸卯年太歲的結構是屬於清新出發的特質，十分符合後疫情時代的重新調整和新事業的出發，相信這是老天爺給的禮物，只不過可惜的是，老天爺只提供開創的部份，至於如何將辛苦之後的成就積累收集就要看如何運用了。對於個人而言，讓自己進入「進可攻，退可守」的最佳境界，就是先做好生涯規劃，成就自己的基礎本事與能量，一是健康，二是家庭，三是團隊，四才是事業和財富，而學習是開啟這些元素的關鍵策略。對於企業而言，轉變與轉型是延續企業生命的必須，經過了疫情的洗禮，通膨升息的激勵和原物料短缺等因素的影響，企業公司的經營模式都已經進行了新的改變，許多商店寧可放棄實體進入虛擬，因為盈收不減反增。

　　前述是癸卯太歲五行架構的現象，事實上天星也出現了20年一次的大轉變，冥王星將會進入寶瓶座待上20年，屆時寶瓶座的革命特質將會獲得凸顯，大者未必恆大，龍頭的位置也將會出現轉變，因為冥王星的霸氣無法敵擋。而轉變最大的產業將會是與科技有關的事業，

以及和健康息息相關的生技業，而這些將會成為未來財富重新分配的標的，重點在你危機入市了嗎？很有意思吧！當市場充滿負面氣氛的時候，陶文撰寫「股市黃曆」反而採取正向思考，難道是瘋了嗎？當然不是，只因為2023年的台股趨勢卦象占得了【山天大畜卦】，這一卦說的是畜養能量，可以預計的是，嚴重的通膨有機會在這一年獲得舒緩，然而並不能直接確定，原因是卦象氣數排列中造成投資市場無法馬上回神的經濟策略繼續進行。

【山天大畜卦】曾經在2021年出現過，那個時候陶文對於卦象的解讀是「一山還有一山高」，這一年的年線大漲了3,486點，漲幅23.66％，延續前一年的漲勢從8,523低點算起，一共上漲了近萬點。不過2023年的【山天大畜卦】並不相同，可以預計的是盤勢不會像市場擔憂的那麼不堪，指數還是容易出現下跌，盤勢發展容易在年初見到反彈。第二季底、第三季初之後再度回檔，投資機會容易在第四季浮現，這個時候值得逐步布局，第四季有機會營造一波財利。

不過值得提醒的是，由於卦象中的多空架構並不理想，因此2023是個典型的整理年，大跌不易，大漲也沒有條件，預計指數容易出現在12,000點上下1,000點左右發展，關鍵數字為3、2、1。就卦象而言，高點容易出現在第一季，低點則容易落在第三季。資金的管理最好採取三七法則為宜，持股三成，現金七成，低接的標的宜以小型股先試水溫，科技股值得著墨，資料處理、雲端、高速運算、網通、生技、伺服器、電動車概念股是理想標的。

至於其他科技股，少數受惠的產業如資料中心、高速運算、網通相關次產業族群，如PCB、連接器、組裝等零組件供應商，股價有機會相對抗跌。還有後疫情時代的受益股，消費復甦的通路股，疫情期間受盡委屈的飯店、餐飲、觀光等概念股將會危機入市的低接標的。

三大變數影響，提防巨牛翻身

【天雷無妄】是2023電子股趨勢卦象。這一卦本身就是「無妄之災」的代表，有「無妄」的名稱，到哪都背負著「無妄之災」的原罪。對於事務的執行而言，占得此卦最好的趨吉避凶，就是不疾不徐，按部就班，亦步亦趨。對於投資市場而言，雖然也是如此，不過恐怕有必要提防「巨牛翻身」的現象，尤其又是電子股在2023年的投資趨勢，出現了一種繁華落盡的現象。市場認為造成的原因，主要是通膨、戰爭與升息三大變數交互作用，於是在過去繁華了14年的科技類股似乎逐步走下了神壇。而事實上，消費型概念電子股如智慧手機與伺服器的需求有進一步疲軟的趨勢，而晶圓廠的利用率和半導體供應鏈價格下降，這些都會是主要原因。

不過再多的市場原因，還不如一個卦象透析所有情況。就以【天雷無妄】卦象中的多空架構角度觀察，發覺高科技股的優勢在2023年依舊存在，只不過市場地位將不再如2022年初這麼風光。整體來說，空方壓力的確存在，不過並不是造成電子股悲鳴的主要原因。在天星，2023年出現了一種巨大轉變的現象，那就是冥王星將於待了20年的山羊座，轉進到寶瓶座，代表的是許多的事情都會出現角色互異的情況，土星會離開寶瓶座進入雙魚座，元運則是下元八艮運的最後一年，2024年將會是下元九離運的開始，屆時許多的規格將會因為統一而出現修正，因此2023年的產品如何生產買賣恐怕會成為一種尷尬。

不過再以卦象中的投資價值角度觀察，發覺此種洗盡鉛華的感覺反而是好的，因為2023年的沉澱正巧是巴菲特危機入市的寫照。

多方氣勢明顯，
第一季是布局好時機

　　【天雷無妄】是金融股2023年投資趨勢卦象。看起來好像是一個十分不理想的卦象，因為直接聯想的應該就是無妄之災了。不過仔細觀察這一卦的卦象氣數排列，將會發覺到一種調整之後的機會，對於事務的執行而言，這是個具有長遠性正向的卦象。

　　對於投資求財而言，自然也會是如此。尤其這一卦占卜的是金融類股在2023年的投資趨勢，從天星的霸氣換位，冥王星20年一次的過宮出現在寶瓶座看來，金融市場的改朝換代也在順勢進行中。再以卦象中的多空架構角度觀察，發覺雖然卦象中的主導元素是多方，不過由於外在因素的牽絆，金融類股的投資趨勢並不容易掌握。然而，卦象中的多方氣勢明顯，同時也出現了一種空轉多的現象，因此金融類股將會是2023年最值得投資的標的。

　　儘管如此，還是需要進一步的建議，金融類股中的選擇還是宜以真正的金融股為佳，以銀行為主體的金融股。就卦象而言，進場時間點雖然出現在第二季，不過由於大環境依舊混沌不明，因此其實第一季就是布局好時機，將會是過年壓歲錢、年終獎金的理想去處。值得一提的是，金融股的投資容易出現跨年度的利多。

大有可為，
值得關注與擁有

【火天大有卦】是2023年台灣營建股投資求財卦象。這一卦說的是豐盛亮麗，對於事務的執行而言，代表的是壯盛碩大，就這一卦的卦象氣數排列看來，具有見好便收的意涵。對於投資市場而言，雖然現象相同，不過還是具有居高不下的現象，對於營建股而言，自然也是如此。

再以卦象中的多空架構角度觀察，發覺雖然多方力爭上游，不過空方的反制力道頗大，市場上的保守氣氛可想而知。不過幸運的是，除了卦象中的保守氣氛之外，空方並沒有進一步的動作，因此可以預期的是，2023年對於營建類股而言，還是個大有可為的一年。畢竟如航空母艦般的經濟項目，怎會說轉彎就轉彎。綜合以上立論，對於建案持續的標的而言，依舊值得關注與擁有。

不過還是需要提醒的是，由於卦象中的微妙變化，對於整體經濟的利空消息還是需要更多的觀察，再以時間的運作，則容易發覺營建類股的財利容易出現在春天和冬天兩季，2023年的趨勢線像極了微笑線。

【澤天夬卦】是2023年台灣房地產投資求財卦象。這一卦說的是抉擇與排除，對於事務的執行而言，代表的是揭露和斷裂的趨吉避凶，將陰暗面去除之後，陽光的一面才會獲得凸顯，因此【澤天夬】具有除弊的意涵。不過對於投資市場而言，就不是這麼絕對，尤其是

房地產的趨勢觀察。

　　再從卦象中的氣數派列角度觀察，發覺市場上的房價還是容易居高不下，即便打房措施依舊嚴厲，房價只會進入緩跌狀態，賣家將會降低了惜售的堅持，而買家多了議價的空間，對於需求市場而言反而是正向的表現。

　　再以卦象中的多空架構角度觀察，發覺多空膠著的現象受到了凸顯，空方壓力頗盛，而多方腹背受敵，理論是房價應該會進入下跌趨勢，不過再從市場需求面觀察，發覺買盤還是持續進場，因此2023年的房地產依舊還在高檔部位，即便已然成為買方市場也是如此。

　　最後就卦象而言，買房是一輩子的榮耀事，你可以懷疑市場需求的真實面，更可以堅持因為少子化的市場會影響房價，但千萬不要等待，因為那永遠是讓自己失去「成家」機會的藉口。只不過還是需要提醒的是，從卦象中的訊息觀察，發覺變數較多的是預售屋的部份，對於中古屋而言，2023年的市場反而是有利的，也是較為值得擁有的部份。然而，房價再迷人，地點再繁榮，如果風水不好也是枉然，買房是一輩子的事，永遠不要買到了之後再來檢視風水和花大錢改造。陶文老師就幫助了許多買家，陪伴他們賞屋、選屋，讓美好的事情一開始就成功。

疫情帶動需求，
第三季是獲利的時間點

　　【水風井卦】是2023年生技概念股趨勢卦象。這一卦說的是長久性的事務，屬於生活上的必然，同樣也是一種因為需求而創造的事物，「井」就是這樣的產物。是人類創造出來的，非自然產生的，為了養活生命而創造出來的物件，一旦創造之後就不會改變，即便村子搬離了，「井」也無法隨之搬離，因此《易經》才會說「改邑不改井」。

　　生技股就是這樣的概念標的，原來就十分重要的產業，因為疫情的緣故更是成為了市場的寵兒。回顧一下，生技股從迫切需求的疫苗，到已然是生活的快篩產品，生醫儼然成為有關單位不容忽略的部份。而不斷演變的病毒株，是生活上極大的未爆彈，生醫的需求變得更加迫切了。而相關的新藥，也促使大幅度加快研發與測試的流程速度。

　　占得【水風井】簡直是老天爺給的旨意，再以卦象中的多空架構角度觀察，發覺也出現了相同的訊息，那就是價值一直都存在，並且還被市場與環境給提升，因此才有專家說未來只有生技族群才有機會出現真正的飆股。就卦象而言，生技股的價值一直都存在，不過還是容易在第二季比較容易出頭天，進入第三季就是階段獲利的時間點。

把握危機入市，
下半年比上半年優

　　【雷水解卦】是2023年傳產類股趨勢卦象。這是個能量釋放的卦象，對於事務的執行而言，代表的有兩種現象。一是，能量爆發，萬事俱備，速戰速決；另一種是，不宜輕舉妄動，因為還有許多事務與條件尚未準備好，或是大環境出現了不利的變數，急於一時的結果將會功虧一簣。這就是卦象占卜微妙的地方，每一個卦象都有一體兩面的意涵，就是這麼微妙的卦象占卜，才具有如此值得參考的理由。

　　對於投資市場而言，也是如此。就目前整體經濟環境來說，是不理想的大環境，因此如果操之過急，恐怕容易攪亂原有的布局。而就卦象中的氣數呈現看來，傳產業中，不論是生產，還是非生產業，都處於相對困擾的時刻。國際上的紛擾預期依舊會延續到2023年，例如俄烏戰事，通膨而來動的升息，以及中國大陸的疫情封控……。就卦象而言，這些困擾都將會延續到2023年的下半年。

　　再以卦象中的多空架構角度觀察，發覺傳產概念股在2023年的正向價值依舊是明顯的，只要大環境的困擾舒緩，就有機會立刻回神，因此嚴格看起來，傳產概念依舊值得投資，也符合巴菲特「危機入市」的法則。整體看來，下半年會比上半年優。

以時間換取空間，
沉澱是最好的策略

　　鮑爾不保證軟著陸！美國聯準會（Fed）主席鮑爾2022年6月在歐洲央行論壇上再度申明，由於俄烏戰爭與疫情加劇通膨壓力，聯準會不保證軟著陸。這一席話已然將2022年國際經濟卦象【雷山小過】給予一百分的肯定，只因為【雷山小過】描述的是一隻翱翔許久的大鵬鳥累了渴了，在尋找著陸點休息。

　　2023年即將來臨，在展望未來的這個時候，市場上望眼都是悲觀的訊息，其中最為醒目的應該就是世界銀行官網所發布的研究報告。世界銀行認為隨著抗通膨的策略加劇，全球有可能在2023年走向衰退，同時新興市場和開發中經濟體將出現一系列金融危機，並可能造成持久傷害。這些訊息儼然成為市場的共識，不過從易經卦象和天星角度的「另類觀察」，卻並不這麼認為。

　　全球經濟在2023年將往下修的趨勢似乎已成定局，而許多經濟體經濟成長停頓，經濟指標預示成長趨緩的時間將拖長，也是無庸置疑的事實，不過在占得了【山水蒙卦】的情況下，卻發現了危機中出現了不為人知的轉機訊息。【山水蒙】是個清新的卦象，雖然代表蒙蔽，但也象徵重新出發，十分符合目前的國際經濟現況。不過聯準會「無條件的」（unconditional）決心，卻也是眾所周知的事實，因此從卦象中的壓力重重看來，經濟成長放緩無從改變，但過於悲觀又是

未必。只因為這是個充滿「物極必反」的世界，而【山水蒙卦】所釋放的就是此種訊息，那就是與其悲觀不如靜觀其變，備好籌碼等待時機。

再以卦象中的多空架構角度觀察，發覺卦象中的空方雖然動作頻頻，而市場的壓力也如影隨形，不過卦象中的氣數排列卻騰出了讓空方有機會釋放善意的空間，因此即便聯準會的「無條件的」決心堅定，也持續放鷹，卻也難保有哪個如「山」一樣高大的國家地區熬不住了，展現逆道而行的策略，而讓【山水蒙】有機會布下危機入市的局。

從天象角度觀察，發覺在流年關鍵星盤中，幾乎所有的行星都集中在星盤中的左側與底部的位置，亦即星盤中的第四、第一和第二象限。代表的是，連天星都窩在自己的領域療傷與等待，這是一種以時間換取空間的寫照。仔細觀察會發覺關鍵流年星盤中「股票投資」的宮位是空的，而「偏財位」也是空的，「國際宮」與「政治宮」都是「空宮」，足以證明這是個相對保守的流年，「日頭赤炎炎，隨人顧性命」是最好的寫照，混亂的世局沉澱是最好的策略。不過從金星和天王星把守關鍵星盤的「財利宮位」，並且得到「土星」的呵護看來，亂中有序是值得肯定的部份，而這也是天星不悲觀的部份。

不過值得提醒的是，由於冥王星將於3月24日過宮，從待了20年中規中矩的山羊座，轉移到革命的寶瓶座，代表的是整體世界的秩序會出現改頭換面式的轉變。2023年是冥王星試水溫的一年，接下來就會開啟一個不同凡響的20年。國際政局如此，國際財經趨勢也會是如此。

美國、歐洲、中國

美國 ➡ 短線上順勢而為，急漲與急跌是賺錢的訊息

【天澤履卦】是2023年美國經濟走勢卦象。這一卦說的是戰戰兢兢，亦步亦趨，而這也正巧是美國政府的心境。雖然所有的專家都指向2023年美國經濟會出現大衰退、大崩盤，但聯準會還是執意要執行壓制通膨的任務，此種現象就如卦象中的「乾金」一樣，給予卦象的就是權威式的執著。

就卦象中的氣數排列觀察，發覺正向能量雖然不明顯，不過卻出現了負面壓力轉化的現象，那是一種轉機的寫照。雖然聯準會的焦點擺放在壓制通膨上，經濟與勞動市場則擺在兩旁，不過從卦象中的微妙轉化看來，美國經濟有機會在8月之後出現暖象，而真正讓市場感受到不再那麼鷹派的時間，則容易落在年底。

【風水渙】是美國道瓊2023年走勢卦象。這一卦說的是渙散，同時也在說渙散之後的匯聚，對於陶文執筆當下的美股而言，【風水渙】又多了一種風雨飄搖的感覺。雖然如此，【風水渙】最初的設定是吉利的，也是詩情畫意的，那是一種微風吹拂在湖面上的意境。

對於股市投資求財而言，雖然沒有詩情畫意，卻是誠實呈現出變數的卦象訊息，而此種現象就要用卦象中的多空架構角度觀察了。這一卦「風水渙」，就看見了消息面影響市場的情形，雖然本卦的空方主導趨勢，不過由於卦象中的多方氣勢明顯，因此所有的委屈只會是暫時的情形，由此可知市場財經專家眼中的大崩盤是不會出現的。

儘管如此，盤勢的修正現象依舊存在，究其緣由自然就是漲多回檔了，正巧又遇到了嚴厲的通膨問題，於是腰斬式的將會屬於正常的現象。就卦象而言，美股的多方氣勢將會在8月後復甦，而出現暖象的時間點將會在7月。在這之前的運作，還是會以短線上的順勢而為，急漲與急跌都是賺錢的訊息。值得深入研究的是，美股比較令人擔心的變數將會出現在2024年，2023如果說是前菜似乎太慘忍，不過2023的發展肯定不會像市場所說的那麼不堪。

歐洲 ➡ 寸步難行，很困難的一年

　　【坎為水】是2023年歐洲經濟走勢卦象。這是「四大難卦」之一，代表著困難。雖然《易經》對於「坎為水卦」的解釋並不會太負面，只因為凡事都具有一體兩面的現象，因此《易經》才會用「習坎」來形容，說的是在困難中學習獲得養分。換個角度來說，那就是壞到不能再壞了，慢慢就習慣了。

　　「坎為水」的說法也許很不禮貌，不客氣，不過對應歐洲央行總裁拉加德(Christine Lagarde)的警告，恐怕就是寫實多了。拉加德說，歐洲經濟寒冬即將來臨，只因烏克蘭戰爭讓食品及能源價格飆升，民眾消費能力遭到銷蝕，商業活動也將大幅放緩，歐元地區經濟將負成長，2023年將是「很困難」的一年。「坎為水」是「困難」，而歐洲央行總裁拉加德則說「很困難」，難卦的占得不會是巧合。

　　就卦象中的氣數排列角度觀察，發覺這一卦是難卦中的極品，那就是寸步難行。雖然卦象中的政府想盡辦法照顧底層百姓，避免一般民眾的消費能力受到強大的打擊，不過從卦象看來即便正義法案上場，也是杯水車薪。再以卦象中的多空架構角度觀察，發覺空方氣勢

並不明顯，而多方的力爭上游則努力不懈。整體而言，歐洲經濟在2023年的第一與第二季無須過於擔心，反而是進入秋季之後的市場將會是需要更多的政策呵護經濟。

中國 ➡ 絕處逢生，重新調整後再出發

【山風蠱】是2023年中國經濟走勢卦象。這一卦說的是「腐敗」，一般來說，對於事務的執行而言，會注重在整理和修正，不過真正的研究學者會明白，其實【山風蠱卦】的重要意涵在於，調整與修正後的再出發，有一種絕處逢生的意義。

對於經濟市場來說，也是如此。雖然經濟是一種循環式的運轉，不過在疫情肆虐下，全世界的運作都失去了原有的節奏。世界上的已開發或開發中國家幾乎都會選擇施打疫苗與病毒共存的策略，不過中國領導人選擇的是「堅持動態清零」，即便經濟受到了影響也在所不惜。只因為中國領導人說「寧可暫時影響一點經濟發展，也不能讓人民群眾生命安全和身體健康受到傷害」，因此堅持「動態清零」防疫總方針，但同時要求官員促進經濟成長。這個世上沒有絕對的對與錯，每一種選擇都應該被尊重，或許因此才會出現【山風蠱卦】，重新調整後再出發。

就卦象中的市場多空架構角度觀察，發覺政府相關單位依舊站在堅持的位置，不過將會出現相當程度的放寬，不過已然積累下來的不確定性，正在促使一些外資公司重新考慮投資計畫。另外值得注意的是，經濟重新開放後的反彈延遲後遺症，正造成房地產持續下滑及外部需求走弱的情形，因此許多經濟關鍵數據都遭到下調。

不過就卦象而言，第三季之後的氣數變化讓整體經濟起了良性復

甦的變化，預計第四季容易出現期望中的重新出發如期順利上路。

　　【火山旅】是2023年中國上證指數走勢卦象。這一卦說的是「即便困難，即便充滿挑戰，即便辛苦，還是要勇往直前，因為還有許多值得期待的事物正在陸續發生」，「旅卦」描述的是旅行的意境，一旦選擇了旅遊的目的地，也決定的旅遊的方式和交通工具，就義無反顧地往前邁進。雖然一直以來【火山旅】都是被認為是備嘗辛苦的卦象，不過只要方法與策略對了，【火山旅】卻也是一種享受不同世界意境的卦象。就目前疫情來說，中國應該是唯一堅持清零的國家，雖然選擇的是「動態清零」，不過還是相當程度地影響了整體經濟。正所謂任何一件事情，只要堅持一個原則，到了最後就是最正確的選擇。不論你認不認同，中國就是這樣，並且堅持走出自己的路子。

　　再以卦象中的多空架構角度觀察，發覺卦象中的股市主導權依舊在特定的能量上，整體來說這個卦象的氣數流動已然受到了一定程度的規範，因此市場上的任何漲跌與多空一點關係都沒有，即便國際市場持續不理想，而中國經濟也受到了疫情政策的擠壓，但中國股市還是能走出自己的路子。就卦象而言，靈活才是最好的策略。

　　整體而言，卦象中的投資脈動值得掌握，那就是第一季值得進場布局，夏天大盤即便表現不佳，卻是逐步進場的時間點，第三季容易出現復甦訊息，而獲利點則將會出現在第四季中。指數容易在3,000點上下500點震盪。

黃金、石油、原物料

黃金 ➡ 分批布局，11月出現階段獲利高點

【天水訟】是2023年黃金走勢卦象。這一卦說的是變數和爭議，對於事務的執行而言，一般來說代表的是前景未明，不過這一卦出現了值得期待的明確變化。

【天水訟】整體來說，不會是一個好卦，對於投資市場而言，代表的是爭議與眾說紛紜。不過這一卦氣數排列卻提供希望的訊息，因此即便因為經濟萎靡不振，黃金還是出現連續6個月的下跌，目前的黃金走勢等於進入「技術性的熊市」，反向操作的投資人全力出擊，負面氣氛也因此升高到4年來的最高水平，陶文執筆的目前是如此。不過就卦象中的多空架構角度觀察的結果似乎並沒有那麼悲觀，十分有意思。

仔細觀察發覺卦象中的多方氣勢雖然明顯，但苦無表現機會，而市場的期待性也居高不下，如此看起來就等時機了。美元和黃金一直以來就坐在蹺蹺板上，不過它們也一直在玩一種遊戲，那就是輪流上舞台表演，因此目前是美元的Show time，接下來的2023年將會輪到黃金。再以卦象中的氣數輪替看來，2023年第三季黃金容易獲得表現的舞台，而分批布局是值得考慮的策略，就從4月、7月和8月開始分批著墨。到了11月，黃金有機會出現階段獲利高點。

原油 ➡ 循序漸進，第三季有利進場時機

　　【雷澤歸妹】是2023年原油走勢卦象。這一卦說的是任何事情的發生都有其一定的脈絡，對於事務的執行而言，代表的是循序漸進、不疾不徐、按部就班，什麼時間點，該做什麼樣的事情。這是個有趣的卦象，比喻的是女兒出嫁，依照常理一步步地進行容易營造出幸福的結果。對於投資市場而言，雖然也是如此，不過回歸基本面的建議通常不容易被接受。

　　占得【雷澤歸妹卦】可以看到占卦當時的市場是紊亂的，經濟衰會、中國清零政策、房地產市場不振、美國釋出戰略儲油、俄國恢復生產石油……，造成市場的低流動性，市場充滿著憂慮氣氛。不過實在無須過於擔憂，因為市場大環境決定一切，就卦象中的多空架構角度觀察，發覺也是如此。

　　卦象中的「環境」元素主導一切，那就是全球經濟趨勢牽動油價，雖然卦象中的需求並不平衡，而卦象中各國的短線政策，並不會影響油價快速修正的動向。就卦象而言，時間決定了一切，市場左右了供需。最有意思的是，2023年的各種經濟、原物料、金融等趨勢卦象，轉變的時間點無不指向第三季。然而再以卦象中的投資訊息看來，第一季會是油價復甦的季節，2023年如此，2024年也會是如此，因此對於石油相關投資而言，第三季會是有利進場時機。

黃豆 ➡ 多方步調不協調，第四季是獲利季節

【火澤睽】是2023年黃豆走勢卦象。這一卦說的是事實和想像的不一樣，對於事務的執行而言，這不會是個好卦，一般占得此卦的時候就可以開始憂慮了，對於一般投資市場來說，也是相同如此。不過對於原物料而言，就不是這樣了。俄烏戰事造成糧食短缺，按理說應該物以稀為貴，價格會往上飆漲才對，不過撰稿的當下黃豆的價格是下跌的。因此驗證了【火澤睽卦】的特質，那就是不要以眼前的現象猜測未來。

再以卦象中的多空架構角度觀察，發覺卦象中的需求是旺盛的，但價錢是起不來的，卦象原因是多方步調不協調，市場原因應該會和通膨有關。就卦象而言，第三季依舊是價格轉折季節，第四季將會是理想的獲利季節。

玉米 ➡ 四季都有獲利點，高點落在7月

【雷地豫卦】是2023年玉米走勢卦象。這一卦說的是短暫的按兵不動，為的是未來的美好，因此這也會是個養精蓄銳的卦象。不過這一卦對於事務的執行而言，卻隱藏著一種現象，那就是不宜操之過急。對於投資市場而言，也是如此。尤其是占卜玉米的走勢，牽扯到的不會只是單一的市場供需問題，還有天氣與人為大環境的變數，而戰爭就是最為典型的變數。

再以卦象中的多空架構角度觀察，發覺玉米和黃豆同樣是糧食，但價格表現的時間點卻大不相同，春天是進場布局的季節，獲利雖然在夏天，不過玉米卻是一年四季都有獲利點，例如4、7、10和1月。而2023年價格的高點容易落在7月。

小麥 ➡ 供應短缺，造就水漲船高的市場價格

【坎為水】是小麥在2023年的投資趨勢卦象。這一卦說的是困難，雖然同樣是「四大難卦」之一，不過這一卦的氣數排列卻截然不同，存在著一種特殊的情況，那就是困到極點反而出現另一種脫困現象。對於事務的執行而言，代表的是真正的「習坎」，低處的修煉有機會造就「亂世出英雄」的躍起。

對於投資市場而言，此種比喻雖然並不恰當，但在供應短缺的情況下，造就了水漲船高的市場價格。再以卦象中的多空架構角度觀察，發覺造就價格的不是市場的多空，而是世界各國政策使然。就卦象而言，解卦撰文的當下已然是價格高點之後稍稍回落，2023年4月左右容易出現一波高點，接下來的夏季會是投資熱浪期，第三季雖然表現較為不理想，卻是進場布局的好時機。

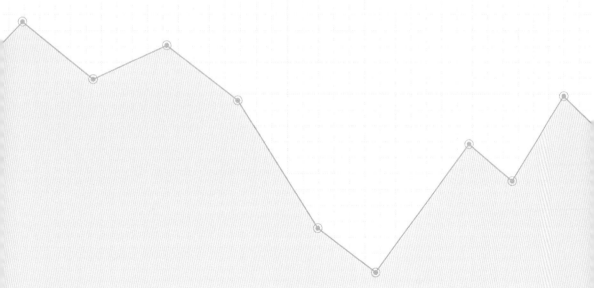

美元、歐元、人民幣、台幣

美元 ➡ 換位思考，第三季開始修正

　　【風山漸】是美元在2023年的投資求財卦象。這一卦說的是漸漸、逐漸，是一種循序漸進的改變，而此種改變是必然的，也是必須的。對於事務的執行而言，代表的是掌握住方向，結果才會不偏不倚。對於投資求財而言，雖然也是如此，不過從這一卦理氣排列看來，不偏不倚的結果需要更強大的努力而調整，因此對於所預測的美元走勢看來，隨著「技術性的運作」之後，美元的強勢將會進行另一種修正。

　　再以卦象中的多空架構角度觀察，發覺卦象中推升美元的元素並不如市場預期，而卦象中的多與空都處於自然狀態，因此美金的投資需要換位思考。就卦象而言，美元的強勢將會在第三季之後開始修正，第四季將會是另一個投資運作循環的開始。

歐元 ➡ 戒慎恐懼，需要儘快規避風險

　　【地澤臨】是歐元在2023年走勢卦象。這一卦說的是「臨界點」，到達了一個十分關鍵的位置，這是往上還是往下都有可以發生的位置，對於事情而言是一種戒慎恐懼，也會是一種膠著發展的現象。對於投資求財的市場現象而言，更是如此。這一卦說的是「歐元」在2023年的投資趨勢，在哀鴻遍野的目前，市場上沒有一絲希望

的感覺，所有的專家都認為十分不堪，有人說「2023年歐元區恐迎來經濟衰退及企業倒閉潮」，也有金融機構大大看衰「下調2023年歐元區經濟成長至-0.2%」，此種出現負值的預測低於市場共識，其悲觀的程度可見一斑。

從卦象中的多空架構角度觀察，發覺也同樣如此。卦象中看到明顯的政府呵護的跡象，第一季最為明顯，因此即便市場前景不明，也還不致於出現崩盤式的發展，不過第二季是真正不堪的季節，需要儘快規避風險。而入秋之後的第三季經濟將會開始緩慢復甦，熬過這些見到了第四季的陽光，就有機會贏向大轉變之後的風調雨順。

人民幣 ➡ 撲朔迷離，任何可能都是最好的可能

【兌為澤】是2023年中國人民幣走勢卦象。這一卦說的是兩股力量在拉扯的現象，雖然初期看不出那一股力量會勝出，不過就目前所占得的卦象看來，不論那一股力量勝出，都會是理想的結果。是的！就是這麼撲朔迷離。因為這一卦說的是特定的目的完成之前，任何可能都是最好的可能。對於投資市場而言，更是如此了。

再以卦象中的多空架構角度觀察，發覺已創新紀錄的人民幣，似乎到了跌無可跌的地步。而卦象中的多方依舊氣勢不佳，因此預計還會再繼續創造新紀錄，因此以正常角度來說，投資人恐怕還是遠離為宜。不過就投資理論來說，卻不這麼認為，再加上卦象中的利機將在第四季之後出現微妙的轉機，出口商惜售美元有其道理，一般投資人恐怕就不是如此。

台幣 ➡ 策略正確有機會獲利，美元計價的商品為佳

【天水訟】是2023年新台幣走勢卦象。這並不是個吉利的卦象，因為爭議現象十分明顯，對於事務的執行而言，這一卦代表的是無力回天，因此宜守成。對於市場投資而言，雖然也是如此，不過只要策略正確依舊有機會獲利。就拿台幣走勢的匯率運作來說，恐怕還是以美元計價的投資標的為佳，美元資產還是處於有利保值的位置。

再以卦象中的多空架構角度觀察，發覺2023年的台幣走勢雖然依舊受制於美元的強勢，不過相對於其他國家地區，台幣要有為有守多了。就卦象而言，台幣繼續升值的機率十分大，關鍵數字的3並不容易守住。不過幸運的是，卦象中的關鍵數字4和5雖然明顯，不過經過技術運作應該不至於造成市場壓力。就卦象而言，台幣在2023年的第一季至第二季容易在33元附近震盪，進入第三季後匯率容易出現變化，34是政策力守的關鍵位置，整體來說見到35的機率並不大。

癸卯年

奇門基因
風水

【奇門基因風水總論】
換位思考，
掌握翻轉的大機會

如果有機會重來，你希望你的人生劇本如何重寫？
如果生命的步伐可以整理後再出發，你想知道如何掌握嗎？
難道生活中只能承擔壓力和努力維持工作的穩定？
但願有歸零轉變的機會。

　　相信嗎？一級凶星改頭換面成為旺田產的大吉星；「小人星」不再助長小人；橫財與險財成為了創富之神；事業翻轉，貴人能量翻倍，可量身定做；寅做卯發不再是傳說；劫財星不再劫財，而是合作開關財源；開疆闢地成為了煞星的任務……。

　　因為2023年是千載難逢的大翻轉年，這個世紀大翻轉不論你是喜歡，還是不喜歡，都得加入翻轉的行列。因此不要再懷疑，趕緊換位思考，掌握翻轉的大機會。由此可知，2023是個非常非常詭異的一年，對於未來的20年的生命而言，也是非常關鍵的一年。

　　首先與地理有關的天文，就出現了20年才會出現一次的重量級行星大遷徙。在山羊座待了整整20年的冥王星，將會2023年3月24日離開山羊座進入寶瓶座，冥王寶瓶世紀就這樣開啟序幕，此種大遷移代表的是改朝換代與改頭換面。

　　另一個大遷徙也出現在風水地理，那就是從2004年至2023年20年的「下元八艮運」將會結束，2024年至2043年是另一個20年的「下

元九離運」。換言之，2023年是20年「下元八艮運」的最後一年。

綜合天文和地理角度的觀察，發覺一種天翻地覆的轉變將會在2023年啟動，而這是個整裝待發年，因為主宰星是「四綠文昌星」。

老天爺慈悲，就在這「整裝待發年」，祂讓「文昌星」進駐到中宮位置，提供了充分的創作、轉變與生機的能量。換個角度來說，準備得愈充分，2024年才有機會展現一鳴驚人的飛龍在天強大氣勢。也就是說，2023年是一部「宇宙大翻轉」大戲的「前傳」。這一年的生命、家庭、事業、財富……風水布局做得好，往後的20年不但沒煩惱，更可望順心如意20載。

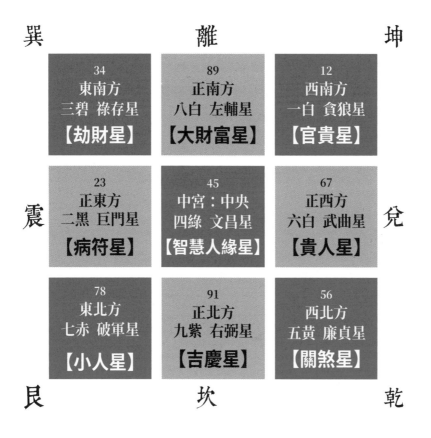

巽　　　　　離　　　　　坤

34 東南方 三碧 祿存星 【劫財星】	89 正南方 八白 左輔星 【大財富星】	12 西南方 一白 貪狼星 【官貴星】
23 正東方 二黑 巨門星 【病符星】	45 中宮：中央 四綠 文昌星 【智慧人緣星】	67 正西方 六白 武曲星 【貴人星】
78 東北方 七赤 破軍星 【小人星】	91 正北方 九紫 右弼星 【吉慶星】	56 西北方 五黃 廉貞星 【關煞星】

震　　　　　　　　　　兌

艮　　　　　坎　　　　　乾

正北方

綠色盆栽，
順風順水好運氣

大翻轉的年代，運用「九紫右弼星」翻轉的是「寅做卯發」大能量。臨門一腳的感覺是美好的，不過那需要暗貴人的暗中支持。對於需要立竿見影的事務，一定要掌握住「寅做卯發」的風水能量。大翻轉的時代，就需要大能量的風水布局，既可「催貴」，也可以「趕煞」。

正北方向來就是充滿隱藏機會與智慧能量的方位，2023年的正北方不但是「歲祿方」，同時還是「紅鸞星」與「福星」併臨的方位，再加上「九星風水」中的「吉慶星」飛臨，這個方位吉祥喜慶能量可見一斑。

「九紫右弼星」是顆貴人星，同時也是福氣滿滿的「喜慶之星」，飛臨的方位只要做好適當地風水布局，極容易營造「家有喜慶」的幸福能量。婚姻美滿是一種喜慶，升官發財是一種喜慶，事業順遂更是一種喜慶，因為「九紫右弼星」也是施展臨門一腳的「暗貴人星」。

不過值得提醒的是，由於「九紫右弼星」具有「離火」的熱烈特質，因此被稱為「催貴趕煞」之星。也就是遇到正向能量會提供「寅做卯發」的能量，讓人立即開運，立即發福氣。然而如果弄錯了方

式，則立即引來災禍，最常見的就是官司、事業方面的糾紛。尤其是
2023年正北方的「九紫右弼星」又處於【火水未濟】陰陽失調的狀
態，再加上正值「大翻轉」的時刻，最需要「九紫右弼星」的剛強特
質推動，因此正北方的風水布局馬虎不得。

風水開運策略

　　大家都知道會做人的人最懂得「順著毛摸」的道理，而風水中的
「順風順水」也是營造好風水的必須。

　　「九紫右弼星」五行屬火，喜歡木星相生，火星相助，忌諱水星克
制。2023年「九紫右弼星」遇到的是「火水未濟」，就需要木星調解
舒緩，火星提升喜慶特質。因此2023年的正北方最吉利的顏色就是粉
綠色與紅紫色，抱枕、桌巾、窗簾等都適用。

　　可擺放綠色盆栽，盆栽大小依照空間比率選擇，福祿桐是最為理想
的選擇。礦石水晶則是綠幽靈、葡萄石、孔雀石、東菱石、紫晶洞……
而效果最為顯著的應該是黃金虎眼石，尤其是樹葉造型的珮飾。

　　亦可擺放「陰陽水」，不過必須擺放綠色黃金葛，以及在缸口繫上
紅色絲帶。

礦石聚寶盆，廣納財富旺事業

具有「名利雙收」的風水布局在「大翻轉」的2023年十分重要，你想知道嗎？疫情期間員工流失嚴重，今年的招賢納士十分溫馨，掌握風水掌握團隊興盛繁榮。一個動作，全家受益，事業與財富同時到位的興旺風水布局，你一定要知道。

「一白貪狼星」是「九星風水」中的一號吉星，具有名利雙收，財官併臨和財丁兩旺的特質。這個方位的風水布局得好，企業家和高階主管或公職人員都有機會得到「祿神」的加持而仕途順遂與加官晉爵；而一般上班族也同樣可以順遂如意，加薪升職；商場和投資人士則生意興隆，財源廣進，因為「一白貪狼星」也是具有催旺業績的「偏財星」。老闆們更有機會招賢納士，找到理想的職員與幫手。需要組建團隊的產業領導，可以成功增員，招募理想隊員。

不過「一白貪狼星」也有負面的特質，當風水布局不理想的時候，容易招來官訟是非，口舌是非，無妄之災，甚至於有志難伸。而2023年的「一白貪狼星」飛臨到西南方，雖然受到了卦位的生助，不過由於這個方位也是「官符星」飛臨的位置，因此風水布局也十分重要。

在「大翻轉」的關鍵流年中，號稱「第一吉星」的「一白貪狼

星」就佔有舉足輕重的地位，事業和財富如何同時到位，唯有在「一白貪狼星」飛臨的位置做功課了。

「一白貪狼星」五行屬水，具有「官貴星」的特質，同時也被稱為「子星」，對於事業上的領導統御具有強大的助力，同時也具有旺子嗣的能量，久婚膝下無子的夫妻最適合在「一白貪狼星」飛臨的方式擺放「百子圖」和葡萄、石榴的圖案或雕件，依照「奇門吉日吉時」擺放更是神效。

風水開運策略

「一白貪狼星」五行屬水，喜歡金星相生，因此白色、金黃色是最吉利的色系，擺放白水晶、黃金虎眼石、金質如意……具有催貴旺事業的效果。就「山主人丁，水主財」的風水理論，「一白貪狼星」飛臨的位置擺放礦石或俊秀石頭局有旺子嗣的作用，而擺放百子圖、葡萄、石榴、香蕉等圖片或雕飾，則具有團結的意涵，對於事業上的招賢納士有神奇的助益。而擺放「陰陽水」則是為了旺財富，尤其是旺偏財，不過如果再搭配「聚寶盆」則旺偏財納財富的效果才會更完整。

正東方

白色文昌塔，化煞為權興家業

大翻轉的年代，調理好「病符星」翻轉的不只是健康運勢，還有家產的興盛繁榮。財富雖然重要，不過健康更重要，提升家人健康的風水布局怎麼做？病符星很可怕，卻很難化解，請問有神效撇步嗎？我們公司業務部份正巧在「病符位」，業績意興闌珊，怎麼辦？

健康是最大的財富。經過3年疫情的壓力之後，這是整體社會的認知，因此最近風水布局業務中，業主都注重在健康風水的部份。陽光、空氣、水是生命三大要素，同時也是好風水的重要元素，只要陽光充足，空氣流通，流水和動向順暢的就是好風水。因此想要健康首先要維持居家的整潔與明亮，後疫情時代還是要留意外出衣物要先更換再接觸家人與物件，常用酒精或次氯酸水消毒清潔。

不過有很多人鮮少出門，也不接觸外界，同時也做好消毒工作，但還是全家確診；而也有很多人並不努力或刻意防疫，但就活得像健康寶寶一般。這個時候就要檢視居家或辦公室的「病符位」是否做好風水布局，是否犯了忌諱而不自知。有道是「小人成不了事，但小人絕對會壞事」，「病符星」也是如此。「病符星」也許成不了健康的事，但「病符星」絕對會壞了全家人的健康事。「二黑病符星」在「九星風水學」中是「一級凶星」，因此造成的健康問題也不會是

「確診」輕症這麼簡單，而「二黑病符星」所造成的低氣壓，也會搞壞財務、業務和決策部門的氣勢，甚至於容易引起成員失和的情形，若無法搬遷就要老實執行風水趨吉避凶。2023年的「二黑病符星」飛臨「正東方」震卦的位置，由於「正東方」的「震卦」觸動了「二黑病符星」的負能，因此2023年還是需要提高疫情的警覺，還有家族或公司成員們的出入平安。

風水開運策略

就凶星「宜化不宜剋」的理論，「二黑病符星」五行屬土，就需要金星來耗洩厄勢力，因此白色是理想色系，礦石、黑曜石、葫蘆、黃金虎眼石與如意……不過使用白色的同時最好有安置「帝王水*」的配套，如果再加上白色的「文昌塔燈」，就更有機會化煞為權，化病為祥。事實上，「二黑病符星」屬於「坤卦」的卦象特質，因此風水布局得好，不但家宅平安，同時還有興旺家業的作用。「二黑病符星」飛臨的位置，吉利顏色為白色與藍色，忌諱大紅色。

＊帝王水的製作法：

圓形透明玻璃水缸，缸口形狀圓形即可，內置「陰陽水」八分滿，再加上兩湯匙的「粗海鹽」。「帝王水」不需要更換，兩週添加一次水和一匙粗鹽。粗鹽具有天然的礦物質能量，不過也會浮現雜質，將雜質濾掉即可。水缸底部做好多擺一個托盤，因為當「帝王水」產生作用的時候，將會出現鹽巴成長溢出缸口的現象，這個時候的「帝王水」能量最強。平日可將「帝王水」裝入噴水壺，噴灑身體具有提升人緣與業績的作用，噴灑屋宅則有淨化效果。

東南方

紅色花卉，
財源滾滾顯富貴

大翻轉的年代，想要翻轉成為有錢人，就要先翻轉劫財星的厄勢力。不要抱怨為什麼賺錢那麼辛苦，而是要積極化劫財為生財，才會辛苦有成。借力使力少費力，化競爭為合作，對的風水布局，財富格局才有機會大翻轉。

「三碧祿存星」是顆霸氣的星曜，行動力強，脾氣也很大。豪邁的時候像個大土豪，凶狠起來的時候像極了惡霸，因此被稱為「好勇鬥狠之神」。雖然「三碧祿存星」具有「蚩尤」之稱，同時也被認為是「賊星」，不過由於隸屬「震卦」，因此也是勤奮的星曜，其正面能量具有開疆闢地的神力，因此大利興家立業，更可以創造富貴功名利祿。

在冥王星20年大轉移的大翻轉年代，下元「八艮運」最後的一年，「三碧祿存星」的特質最好使用了。由此可知，與其一味去討論「三碧祿存星」的「賊星」特質，不如放大其正向能量，讓後疫情時代的自己成為最大的贏家。

2023年「三碧祿存星」飛臨東南方「巽卦位」，和先天「文昌星」結合的結果成為了一種大利多。豪邁加上長袖善舞的人緣智慧，等於有了貴人相助的大好流年，尤其在電商網路超夯的目前，此種結

合只要給予巧妙的風水布局，整體空間風水運勢將具有「雙木成林，雷風相搏」的氣勢，於是期望中的「化劫財為生財」的風水能量出現了，而「借力使力少費力」的成功法則也實現了。

　　然而，風水如何布局呢？請繼續看下去。

風水開運策略

　　2023年的東南方不但是「歲害方」，同時也是太歲「驛馬方」，「三碧祿存星」飛臨容易提升此兩種厄勢力，因此最好運用「火星」化解之。

　　紅色和紫色是必須布局的色系，紅色花卉、紅色春聯、紅色抱枕與桌巾，另外在點一盞「長明燈」，同樣以4000K的燈源為佳，橘紅色鹽燈最為理想。

　　礦石水晶則以紅瑪瑙、石榴石、紅翡、紫水晶與黃金虎眼石（一葉致富石）為佳。陰陽水則是必備開運聖品，不過缸口務必繫上紅緞帶。紅色花卉更是開啟財源星的理想擺飾，因為古書說「貴比王謝，總緣喬木扶桑」。

中宮方

開運燈飾，
財源廣進旺文昌

做好風水布局，翻轉旺20年的機會，你想知道如何做嗎？

2023年是個旺衰的分水嶺，你想成為往上躍升的贏家，還是……有一架準備起飛的「旺運號」飛機，旺運旅程20年，「文昌星」是啟動引擎，就等待你來發動。歡迎買好機票，加入布局好風水讓運氣起飛的行列，所有的祕訣都在這裡。

後疫情時代，最需要的是翻轉，一掃晦氣由衰轉盛，在連續壓抑了3年之後，此種一吐怨氣的機會終於出現了。

天文地理從來不分家，天星中的冥王星進行20年一次的過宮，由山羊座轉到寶瓶座，從堅持原則的位置轉移到改變革命的宮位。土星也在這一年轉變位置，從寶瓶座進入雙魚座，從壓抑到敢怒不敢言的位置，轉移到逐步踏實的領域。而風水地理的磁場也出現了巨大變化，那就是在「九星歸位之後」，九星重新步上後9年的旅程。2023年代表整理再出發的「文昌星」進入了「中宮[1]」成為主宰星曜，可以看出這是個乾坤大挪移的一年，就從市場整體思維與習慣開始。最顯而易見的就是很多實體銷售轉移到網路，反而比原來經營的更活絡。值得注意的是，這是個再出發的流年，但必須做好萬全的準備，否則社會翻轉了，周遭的朋友也翻轉了，而你還在原地踏步，不進則退的原理，就是遭到淘汰。

「文昌星」是「九星風水學」中的智慧星，也是人緣星，更是財富星。布局好風水，對於整體家庭與公司的正向能量具有強大翻躍的

神效。加官晉爵、升官發財、登科甲第、業績長紅、貴人環繞……都是布局好風水的神效。什麼都不做，不會怎麼樣，但旺衰之間肯定不一樣，「文昌星」的負能很不堪，例如衰敗、不得志、招惹小人、口舌是非、功虧一簣……。「文昌星」五行屬木，喜歡水來生助，由於出現了「木剋土」的流年現象，因此紅色、光與熱都是重要的轉化元素，布局好風水一定要運用的元素。

風水開運策略

　　文昌燈[2]是啟動20年旺運的重要元素，因此是最需要的風水擺飾，可以用檯燈、立燈、崁燈、壁燈、鹽燈或是水晶燈。陰陽水[3]更是不可或缺，陰陽調和、五行相生有序的魚缸，讓「文昌星」正能量綿延不絕。蝴蝶蘭代表的是福氣來，「文昌星」喜歡明朗乾淨與清香，中宮整潔，並擺放一盆蝴蝶蘭，營造「十四同宮、昌曲共鳴」的風水磁場，家庭成員想不旺都難，公司、辦公室和商店財源廣進，客戶盈門。吉利顏色：紅色與紫色為佳，藍色和綠色則宜同時使用。聚寶盆[4]是旺財的神器，生意人興盛繁榮，發智慧與人緣財。

1　「中宮」指的是屋宅正中央的位置。「飛星派風水學」中將屋宅空間劃「井字」，稱為「九宮格」。「中宮」就是位於「九宮格」的中央位置。對於家庭而言，其實「客廳」是家人共同生活的中心處所，因此「中宮」也泛指「客廳」。雖然「客廳」不一定位於「中央位置」，但不論在哪個位置都適合運用「中宮風水布局法」化煞並催旺家運。

2　文昌燈製作法：太陽色系（4000K）為佳，一整年點亮，與廟宇的文昌燈相呼應，形式不拘，可立燈、檯燈、壁燈、崁燈，但小夜燈能量較弱。橘色鹽燈是理想選擇。

3　陰陽水的製作法：圓形透明玻璃缸，大肚收口，缸口波浪邊，並且繫上紅絲帶。內置陰陽水八分滿（一半自來水，一半冷開水），五彩石（可用琉璃彈珠），六枚一元硬幣，綠色水生植物（黃金葛）。兩星期換水一次，換水以「奇門遁甲」的吉日吉時為佳（可參考陶文未來學官網，每週公布「奇門遁甲時盤」），亦可參考農民曆吉日換水。

4　聚寶盆的製作法：大肚收口的圓形陶盆，最好有蓋子，如果沒有蓋子需要用紅紙或紅布遮蓋，或擺進櫥櫃中。內至100顆硬幣，從最小到最大，台幣1元、5元、10元、50元一共100枚，可以擺放外幣或金幣，再加上一顆水晶（瑪瑙、玉石、水晶、虎眼石），其中以虎眼石氣場最強，發好運最為霸氣。啟動聚寶盆生命最好的策略，就是第二天開始投入硬幣，平日也可以取出消費，數量不拘。溫馨提醒，加入水晶是為了強化聚財的能量，愈霸氣的水晶，聚財能量愈強。

西北方 白色大象，吉氣匯聚化煞氣

大翻轉的年代，將極厄之星翻轉為超強吉星，轉對了就要發20年，你想知道嗎？傳說中的「化煞為權」，風水要如何布局？據說2023年西北方是「雙煞匯聚」的位置，請問要如何化解？

「九星風水」學中有一顆極厄之星稱為「關煞星」，流年中最凶厄的星曜那就是「五黃廉貞星」。這顆星曜其凶無比不可不防，千萬不要不信邪，「五黃廉貞星」飛臨的地方宜靜不宜動，宜化不宜剋，更是忌諱高溫、重量物件沈壓、噪音。2023年「五黃廉貞星」飛臨西北方，這個方位正巧是「歲煞方」，是三方四正晦氣匯聚的「三煞方」，於是2023年的西北方成為了「雙煞匯聚」的位置，煞氣更加強烈了。

「五黃廉貞星」和「歲煞星」交織的地方，最好不要設置重要功能空間，如操盤室、臥室（長者與體弱者更應避開）、廚房、財會部門、主管辦公室、業務部門………。流年煞星雖然只影響一年，不過重大影響之後的運勢極容易每況愈下，因此如果無法搬離就得老老實實布局化煞風水，千萬不要不信邪，拿自己的運氣來賭賭看，不值得！

這是個公平的宇宙，每一種事物都具有一體兩面的意涵，包括「五黃廉貞星」在內，即便凶厄，一旦布局恰當卻也有正向的一面。

正因為「五黃廉貞星」氣勢強猛，只要布局得當具有發「橫財」的神效，後疫情時代許多事情要重新開始，「五黃廉貞星」好的磁場就可以提供興家創業的強大能量。也許有人會選擇不予理會，套句廣告詞「沒事就沒事，有事就是大事」，「五黃廉貞星」的厄勢力輕者成員失和，重者影響事業與健康，尤其是不測的橫禍，最嚴重現象是血光傷害，損人口，真的不可不防。

風水開運策略

　　「五黃廉貞星」五行屬土，因此需要金星化解煞氣，在早期最常用「銅鈴」，取「金空則鳴」的意涵，不過「銅鈴」的宗教色彩過於強烈，因此逐漸改用銅製的麒麟或是白水晶，而最為理想的化煞聖品是「白色大象」，大象的鼻子必須上舉，大象的頭向外，代表萬象匯聚，財氣與吉氣充滿。

　　礦石的部份，建議擺放白水晶、透石膏、鈦晶、冰晶石、瑪瑙、愚人金、青金石、透閃石與黃金虎眼石球。顏色部份以白色與金色為佳。另外最簡便也最有效的化煞法，就是「白色粗鹽山」，用小碟子盛白色粗鹽堆成小山，兩星期更換一次，換下來的粗鹽可擺放在正東方的「帝王水」裡頭。住在或坐在西北方的人，最好隨身攜帶金質如意或是黃金虎眼石平安扣。另外，建議擺放特製的「小羅盤」（內含九星、廿四山、先後天卦與六十四卦的「三合、三元小羅盤」）。

正西方 白色花瓶，貴人相助大翻轉

　　大翻轉的年代，再加上後疫情時代，事業處於需要大翻轉的人，今年有福了！孩子事業運勢好，父母沒煩惱，就從布局「貴人」風水開始。重新整理再出發的企業，更需要掌握此千載難逢的翻轉大氣場，來個鯉魚躍龍門。

　　貴人與貴氣聚集在一起是什麼樣的感覺！2023年的正西方，出現了一顆貴氣十足的「貴人星」，並且和「破軍星」一起綻放超級強烈「翻轉貴氣」的氣勢。擁有大翻轉氣勢的2023年，看起來每個人都有機會為自己的事業大翻轉一番。

　　「六白武曲星」是「九星風水」中的「一級吉星」，由於具有「乾卦」的特質，因此「六白武曲星」是具有「官祿」氣息的「貴人星」，對於事業運勢的助力十分顯著，是事業貴人、長官貴人和長輩貴人的專屬星曜，尤其對於公職人士、高階主管和企業主而言，「六白武曲星」提升的不只是「貴人」，還有領導統御的內聚力。

　　2023年「六白武曲星」飛臨「七赤破軍星」的故鄉，對於後疫情時代事業轉型再出發的企業家，或是開啟新事業的負責人，以及疫情期間被迫停職的上班族，都有機會藉由居家和辦公室的風水布局，讓事業來個重生性的翻轉，而且一定要成功。

雖然如此，「六白武曲星」還是有其凶厄的一面，當風水布局不對的時候，反而會釋放損貴氣、傷事業、見官、惹官非、職場無妄之災……的能量，再加上2023年的正西方又是「歲破方」，因此最好給予到位的風水布局，讓「天助自助」的美事真實呈現。

風水開運策略

　　「六白武曲星」五行屬金，具有「乾卦」的特質，飛臨「破軍星」的故鄉，破壞重建的能量出現了。後疫情時代的調整後再出發是一種趨勢，順著「大翻轉」的氣勢布局好風水，參與貴人相助的翻轉機會。

　　土星是生助「六白武曲貴人星」的重要元素，因此西北方的布局可多用暖色系列，黃色、駝色、蛋黃、乳白……都是理想的幸運色系。

　　擺飾的部份，白色花瓶、白色彌勒佛、山水畫、白水晶、鈦金、紫晶洞、貔貅、黃金虎眼石、如意……都是理想元素。另外可擺放聚寶盆，為的是發貴人財。

擺放聚寶盆，五鬼運財旺財運

大翻轉的年代，流年風水中有一股詭異的發財致富能量，你想知道嗎？

化小人為貴人，在2023年輕而易舉，重點在布置到位的風水格局。

特殊時代，唯有特殊策略，才能夠創造特殊的成就，同時也需要特殊的風水布局，那就是「布五鬼旺運局」。

「七赤破軍星」是顆具有破壞重建特質的星曜，只因為那股「肅殺劍鋒」之氣，雖然被稱為「盜賊之星」，同時也被認為和「小人星」劃上等號，不過卻因為具有大破大立的威力，因此只要風水格局佳反而容易創造特殊的成就，白話地說那就是「無心插柳柳成蔭」。

2023年「七赤破軍星」飛到了東北方「艮卦」的位置，符合了古書所記載的「金居艮位，烏府求名」，古書所說的「烏府」指的就是「御大夫」，就是現代的「監察院長」，其尊貴之氣與肅殺之勢由此可見一斑。白話地說就是風水對了，成就超乎預期。

2023年的東北方出現了流年「五鬼星」的身影，而「七赤破軍星」又和「艮卦」氣息結合，於是「五鬼旺運局」出現了，這就是古

書所說的「金居艮位，烏府求名」。做對了風水、丁財兩旺、福壽雙全、求子得子、求女得女。反之，小人糾纏、破財、衰運纏身、不利健康與人丁。

　　整體來說，做好東北方的風水布局，小人變貴人，破財變旺財，化煞為權，化病為祥。

風水開運策略

　　「五鬼旺運局」十分特殊，卻十分安全，因為沒有宗教色彩，不迷信。

　　「五鬼運財」營造的是險財能量，方法是擺放聚寶盆，內置100枚硬幣再加上黃金虎眼一葉致富石，聚寶盆前擺放一對具有特殊能量的黑曜石貔貅。

　　不同產業擺放物件大不相同，不動產業者擺放石頭、礦石、水晶，生技、療癒與健康產業則擺放葫蘆形擺件，金融業務擺放鐵算盤，教育概念產業則擺放文昌塔燈或文筆形擺件，一般人士則擺放圓形飾物，象徵圓滿吉祥。

　　顏色部份：紅色與紫色是吉利色系。

　　礦石水晶：紫水晶、黃金虎眼石、紅玉髓、鈦晶、瑪瑙……。

正南方

橘子擺飾，
大吉大利聚財富

　　大翻轉的年代，簡單的「大財富星」變得十分不簡單，既可富貴併臨，亦可名利雙收。成家立業其實很簡單，不過要啟動興旺20年的大能量，就不簡單了！求子的風水在2023年又多了一處，並且是「田園富盛，子孫繁衍」的好風水。

　　「八白左輔星」在「九星風水學」中代表的是「大財富星」，也被稱為流年「財庫星」，屬於「艮卦」的屬性，因此當風水磁場理想的時候，「八白左輔星」具有旺田產、聚財富、出忠臣孝子、發丁財的神效，是一顆「富貴綿延」的星曜，也是「貴人星」。因此在流年風水布局中，「八白左輔星」飛臨的地方，總是會被用心布局，而擺放「聚寶盆」是最簡單，最常見的聚財富風水布局。

　　2023年的「八白左輔星」飛到正南方「離宮」位置，於是多了「宮生星」的吉利效應，「八白左輔星」的正能量獲得了提升，於是合乎了升官、發大財、旺田產、添丁、喜事連連的吉利效應。用白話說就是家宅興盛田產廣置，事業鴻圖大展，商務行銷業績長紅，企業家名利雙收。由此可知，2023年的「八白左輔星」不再只是旺財富的「大財富星」，也不只是聚財富的「財庫星」，而是古書所說的「輔臨丙丁，位列朝班」，成為的興旺事業的「官貴星」。由此可知，

2023真的是個值得布局的「大翻轉年」。

　　「八白左輔星」五行屬土，最喜火星相生，下元「八艮運」的最後一年飛臨正南方「離宮」，等於直接啟動接下來的下元「九離運」的20年旺運系列。這個時候的用心布局可以讓家運、事業運和財富運旺個20年，你會輕易放過嗎？

風水開運策略

　　「八白左輔星」五行屬土，喜歡火星相生，因此紅色和紫色是絕佳旺運色系，不過已然飛臨「離宮」，大紅色就不宜再多用了。火土並存的橙色成為了絕佳幸運色系，因此在正南方擺放橘子造型的雕飾與圖畫，取意大吉大利，橘子的數量以單數為宜。

　　聚寶盆一定要擺放，材質以陶土為佳，大肚收口最好有蓋，內置100顆硬幣（大小幣值都要），再加一顆「黃金虎眼一葉致富石」或是「如意」，則可開創圓滿再加一分的旺財神效。內置白水晶或鈦晶，則營造財丁兩旺與富貴併臨的吉應。

　　另外再點一盞「富貴長明燈」，則更合乎「輔弼相輝、田園富盛、子孫繁衍」的需求，鹽燈是理想選擇，檯燈、立燈與崁燈都可以，不過還是以「文昌塔燈」的「輔臨丙丁，位列朝班」的效果最佳。

癸卯年

奇門基因
12 生肖

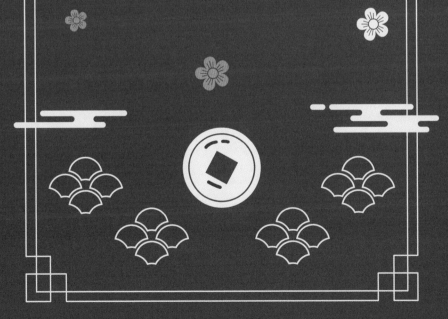

【生肖運勢總論】
大轉變的機會，
計畫一定要執行

大轉變的時代來臨了！
你要駕駛這巨大轉變的巨輪，還是被巨輪給碾壓？
癸卯不會是最好的流年，卻是最為理想的出發年。
不選擇改變，就會被選擇改變。你是想主動選擇，還是被迫選擇？

　　一股強大的轉變能量出現在2023年。天星中20年才移動一次的霸氣冥王星，3月24日離開山羊座，進入寶瓶座，代表冥王霸氣革命的時代來臨了！

　　土星也將於3月7日離開寶瓶，進入雙魚，代表僵化的思想容易出現夢幻性的轉變。

　　九星風水在去年「九星歸位」之後，2023年由「文昌星」帶領重新出發，而20年一運的「八艮運」也將要結束，2023年是「八艮運」的看守年，也是整裝待發準備周全迎接「九離運」的流年。

　　癸卯歲次中的「卯」在季節時序上，代表的是新生命的開始，是一種欣欣向榮的象徵。啟動一年氣勢的「春分」就出現在「卯月」，代表萬物復甦走出冰冷的冬季紛紛冒出頭迎接新世界。癸卯太歲就是此種意境，因此「大轉變時代」就這樣啟動了，你做好準備了嗎？2023年就是「大轉變時代」的起手之年，你是要主動選擇如何轉變？還是被動被迫選擇轉變？

從癸卯歲次五行氣數架構的角度觀察，發覺癸卯太歲提供了充分的機會、智慧、舞台和揮灑的空間，卻忽略提供努力之後檢視成果的機制。癸卯歲次的五行氣數中，水星和木星最為清新，火星需要條件點燃，一旦點燃方向明確了，世界也容易大放異彩，至於如何點燃就請讀者們詳細閱讀《2023兔年開財運轉大錢》這本「開運聖經」。至於五行中的土星和金星毫無蹤跡可循，代表的是事業與健康將依舊會是社會上的重大課題。後疫情時代，百廢待舉，2023年是個好流年，因為提供了「大轉變」的機會。而2023年也是個只能問耕耘，無法問收成的無奈流年，因此計畫成為了一定要執行的功課。依照計畫行事，再依照時間表檢視調整，調整後再出發，則2023癸卯將會成為真正的「大轉變時代」的啟動年，同時也會是十二生肖們的生命蛻變年。

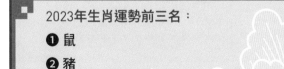

2023年生肖運勢前三名：

❶ 鼠

❷ 豬

❸ 羊

吉星照拂，
事業能量躍升

老鼠們如果說流年運勢第二名，就沒有其他生肖敢說第一。歲祿星和文昌星併臨，加官晉爵，升官發財，貴人能量充滿，但如何擁有並且如實呈現，就是這一篇文章的重點了。

流年運勢

歲祿文昌智慧年，這是個12年一次的結合，本命祿星和歲祿星同體，而文昌祿星也和太歲星同位，這是什麼樣的意境？

優游自在與如魚得水是最為貼切的形容，而這是老鼠們在2023癸卯年的運勢寫照。另外，在「十二太歲宮星」中又擁有了「福德吉星」的照拂。如此看來，老鼠們應該就是2023年整體運勢最為吉利的生肖。

對於老鼠來說，這是個典型的學習成長年，學習的型態並不拘泥於學校、書本，而是生活上的務實性學習。換個角度來說，那是一種

亮點色系	幸運點色系	幸運數字	吉利方位
綠色、藍色	紅色 紫色、駝色	0、2、8、9 及其組合	南方 西南方、東北方

幸運點色系：流年運勢最需要補充與強化的元素與色系。
亮點色系：根據宇宙大自然或太歲星所提供較豐富的能量，充分運用會成為開運亮點的元素與色系。

具有目的性的學習，因為在流年「文昌星」的氣息中，存在著「財富星」的身影，因此任何商務性的學習與活動，都有機會為自己創造理想的發展機會，進而營造實質上的成就與收穫。

然而需要提醒的是，由於「流年家庭星」氣勢並不理想，因此在「安內攘外」的前提下，老鼠們最好能夠先將居家的風水磁場布局妥善（請參考開運風水），而家人之間的溝通模式也有必要加以調整，將所有自家人的「理所當然」放下，才能夠創造無後顧之憂的流年幸運型態，老鼠們的好運勢將會更上一層樓。用另一個角度來說，在事業職場上這是個需要組織團隊與合作系統的流年，組織團隊讓團隊為你工作，老鼠們才會是真正的贏家，這個部分陶文老師會在事業運勢中詳述。

另外，健康方面也需要多費一點心思，因為「流年健康星」氣勢不佳。雖然疫情逐步舒緩，政策上也可以將口罩摘下，不過對於老鼠們而言，在參加群體活動或學習的時候，勤洗手和戴口罩依舊是保健的必要。而在此流年氣勢中，由於行動力超強，而穩健星的能量明顯不足，於是過度疲勞成為了這一年最需要規避的問題。健康是最大的財富，千萬不要讓贏了全世界，而賠了健康的情況發生。

事業運勢

你是在工作，還是在做事業？這是個努力的磁場活絡流年，老鼠們有必要自我檢視一番，否則極容易成為庸碌一族。忙著工作，而讓流年好運勢成為裝飾品。

在迎接新年和營造新年新氣象的時候，可以先執行整體性的規劃，並且組織團隊與合作系統，因為如果可以組織團隊讓團隊為你工

作，老鼠們才會是真正的贏家。這就是經常說的「成功不是盡力，而是借力」。

企業老鼠們面對後疫情時代，有必要執行企業體質檢測後再出發的策略，讓危機成為往前邁進的轉機。一般老鼠們，掌握住流年文昌星安排學習，本業精進或是斜槓的出發，事業與財富有機會因為轉變而出現躍升能量。

財利運勢

偏財源吉星用力加持的今年，老鼠們的財利運勢處於整裝待發態勢。至於，如何將「偏財源」轉變為實質上的「偏財」，就需要開運元素與旺財策略了。

既然太歲星提供了機會，就不應該辜負。那就是放手學習，大膽出發，學習電商運作技巧，學習營造偏財的投資祕訣。有道是「唯有身歷其境，才能知道箇中竅門」，融入偏財星的特質情境中，也唯有你理財，財才會理你。

整體來說，老鼠們今年的財運以夏季最為理想，也就是秋天布局，冬天努力或低接，春天加碼或努力運作，夏天收成。這其中要避開三、六、九、十二月的壓力。投資標的以資產、電池、宅經濟、智慧電網與車用高科技概念股為佳。

情緣運勢

桃花星是老鼠們今年太歲星所賦予的另一個身份。太歲桃花星和本命文昌星交織的結果，自然會是幸福加分，人緣滿分。人緣桃花對

於財利運勢有極大的助益，主動出擊廣結善緣，走出習慣領域容易結識不同型態的貴人。

不過說到情緣桃花，就需要花一點篇幅解釋。對於男士而言，由於屬於偏緣桃花的緣故，還真的需要謹慎面對異性的互動，以免財官雙陷，請在居家正西方插3枝百合花可解。而女士們就幸運多了，由於正緣桃花星盛開，這是個理想的姻成緣就年，單身適婚也想婚的老鼠就別再窩在家裡了。已有伴侶的女士，妳是另一半的流年貴人，財旺事業更是興旺。

開運風水

機會星明顯而活絡，人脈磁場也不斷提供新能量，癸卯年的運勢好風水能量容易出現在廣結善緣、學習、行動與創新的節奏中產生，而這些就是老鼠們在癸卯年的運勢亮點。如何將亮點繼續點亮，就是生肖風水需要執行的布局策略。

老鼠本命五行屬水，本命方位在正北方，本命吉利五行是金、水，方位則是北方、西北方和正西方，而這些方位並不是今年流年最需要布局的幸運方。反而是正南方和西南方是最理想的布陣方，達到的運勢效果將會是名利雙收與富貴併臨。居家與辦公室的正南方，擺放聚寶盆聚財富，西南方白水晶或文昌塔營造貴人亮前程。而最為理想的隨身幸運珮飾是如意與黃金虎眼石平安扣，以及葉子造型的黃金虎眼一葉致富石。

流年運勢亮點顏色與方位：綠色、藍色。東方、東南方、北方。
流年運勢幸運點顏色與方位：紅色、紫色、駝色。南方、西南方、東北方。
流年貴人生肖：猴、蛇、羊、狗。

屬鼠各年次流年運勢

1996年的老鼠（民國85年，丙子年，28歲）

　　事業轉型是今年的重要課題，年輕就是本錢，在最順的時候轉換跑道或環境，有助於日後經驗與職場能量的積累。公司規模的選擇是學問，對於老鼠而言，最為理想的選擇祕訣在於小而美。除此之外，建議安排學習機會，知識與技能的補充，將歲祿與文昌能量做最大的提升。女士們請專注事業，愛情事務慢點再說。男士們則要珍惜，因為過了這個村，很難有下一個店。

1984年的老鼠（民國73年，甲子年，40歲）

　　成家立業的流年，該行動的不要猶豫，該抉擇的也不應該恐懼，因為這是個家庭幸福年。對於有意購屋換屋的老鼠而言，值得開始著手選擇吉宅，單身適婚老鼠有了幸福的窩，自然容易擁有期待中的幸福。不過對於理財而言，就需要謹慎了，因為劫財星虎視眈眈。合作創業的機會雖然值得掌握，不過遊戲規則務必透明完整，也最好避開自己不熟悉領域的合作。

1972年的老鼠（民國61年，壬子年，52歲）

　　借力使力少費力，這不是口號，而是流年運勢的策略寫照。時代

在進步，整體環境因為疫情出現急大的翻轉，已然成為虛實並存的時代，不一定要見面才能夠做生意，也不一定要費盡唇舌才能夠成交，這些都是72年的老鼠要學習的。接受朋友、專家的專業建議，而這些專家和朋友都是年輕人，這是比較容易成功的圖像描述。總而言之，以合作代替競爭。

1960年的老鼠（民國49年，庚子年，64歲）

當財神爺要找你的時候，怎麼躲也躲不了。當智慧星與財源吉星結合的時候，發財是不分年齡的。對於還在線上的老鼠而言，這是個60年一次的機會年，歲祿星和開創星同步，並且激盪出財利的流年，要如何掌握，老鼠們比誰都懂。對於已退居幕後享受生活的老鼠，則建議積極多元學習讓生活更精彩，這是個圓夢的好流年。請記得60年一次喔！

1948年的老鼠（民國37年，戊子年，76歲）

有人說，年紀大了，最好粗茶淡飯，清心寡慾，修身養性。而孔子卻說：「七十而從心所欲，不逾矩。」指的是隨心所欲，只要不逾越規矩就好。從戊子年老鼠的流年趨勢看來，陶文認同孔子的說法，只要不妨害別人，自己覺得舒服就好。只不過要提醒的是健康的部份，安步當車，凡是慢慢來，因為這是個最需要提防摔跌的流年。飲食均衡為要，未必一定是粗茶淡飯。

屬鼠流月運勢

宜謹慎面對的月份：四月、五月、六月、九月、十一月、十二月

正月 運勢（國曆2/4～3/5）

驛馬星發動的本月，新春旅遊缺之不得。新的一年，必須要有新的氣象，由於開創與出發的能量超強，此時不規劃一整年的計畫更待何時！既然是出發能量最強的月份，主動掌握契機，積極廣結善緣就從禮多人不怪的拜年開始。女士們的情緣磁場十分理想。

二月 運勢（3/5～4/5）

太歲之月，按理說應該是屬於大好大壞的時段。不過對於老鼠而言，卻是辛苦有成的月份，太歲星和文昌星的交織，提供了老鼠創造機會的磁場，這樣的流月其實也符合名利雙收和富貴併臨的條件。重點在於轉化與引導這股能量，目標的設定很重要。紅色是絕對吉色。

三月 運勢（4/5～5/5）

本命三合之月，對於老鼠而言，自然是吉利的月份。不過大環境出現了「歲害」的現象，因此在進行個人的收成的時候，請務必低調，再低調。春末夏初，春天的辛勞結出了果實，見好便收。因為接踵而來的是人脈磁場不理想的四月。

四月 運勢 （5/5～6/6）

時序進入夏季，雖然是老鼠們的財富月，不過由於人脈磁場出現的懸崖式的崩落，這是個宜謹言慎行的月份。謹慎理財，投資求財不貪不懼，以規避風險為首要課題。本月不利嫁娶。男士們宜提防爛桃花的干擾。女士們的正緣星磁場頗佳，是良人就該主動掌握。

五月 運勢 （6/6～7/7）

本命六沖的月份，諸事不宜。再加上又是歲絕之月，因此除了不利嫁娶外，重要事務的出發與定奪都有必要規避之。對於女士們而言，雖然正緣星磁場依舊理想，不過由於「衝剋」的緣故，這不會是終身大事的抉擇月。職場上的壓力負能，適宜找個屬猴的朋友聊聊天。

六月 運勢 （7/7～8/7）

雖然是歲合之月，大環境磁場頗佳，不過由於正值本命六害星當道，再加上煞星磁場同步，這是個宜謹慎行事的月份。事緩則圓，職場事業的事務必須趨吉避凶，本月尤其忌諱仗義執言的動作。由於健康能量十分不理想，調整作息外宜多補充水分。

七月 運勢 （8/7～9/7）

　　三合星照拂之月，對於老鼠而言，這是個吉利的月份，即便是傳統幢幢繪影的七月。本月百無禁忌，拜拜祈福，普渡頂禮，按禮執行即可。家庭運勢頗佳，購屋換屋或是修繕與風水布局，都可擇吉執行。而規避白虎星最好的趨吉避凶就是捐血，一紅化九災。

八月 運勢 （9/7～10/8）

　　月圓人團圓，中秋佳節是個圓滿的節日，對於老鼠而言更是吉利，這其中尤其大利成家立業。男士們的情緣運勢頗佳，中秋佳節是營造美滿的大好節日。女士們則低調就好。值得一提的是，由於正巧遇到「歲破」，因此大環境的動盪還是需要多費心思。

九月 運勢 （10/8～11/7）

　　這是個詭異的月份，磁場的詭異不雅於傳統七月。只因為大環境出現了吉凶交參的現象，這個時候眼前的吉利未必吉利，而凶厄也未必凶不可言。這個時候靜觀其變，沒有策略將會是最好的策略，順勢而為，隨機而動。老鼠們宜提防劫財，因此宜謹慎理財。

十月 運勢 （11/7～12/7）

　　歲合星職事的本月，吉利的月份，本月諸事皆宜。老鼠們的人脈磁場頗佳，廣結善緣是為了積累貴人籌碼，讓生命更精彩。唯一需要

提醒的就是劫財，上個月就提醒的謹慎理財，本月宜繼續執行，親友的借貸量力而為。合作案件的洽談，循序漸進為宜。

十一月 運勢（12/7～1/5）

將星職事的本月，老鼠們的事業運勢是順遂的。只不過人的干擾因素逐步明顯，與人互動和溝通的時候，不該給的承諾，千萬不可順口而出。事業的合作依照計畫行事，錢財的部份愈清楚愈好，劫財星依舊虎視眈眈。本月不利嫁娶，重要事務可預先在本月預演。

十二月 運勢（1/5～2/4）

雖然是本命六合月，不過老鼠們還是不要被眼前的吉象給蒙蔽了。這個月的吉利少了引導的元素，那就是「金」元素，代表的是家庭與團隊，因此調整家庭磁場，凝聚事業夥伴向心力，是本月重要功課。健康星磁場不佳，同樣需要使用「金元素」，白色是吉利色系。

註：農曆正月以立春開始計算，括號內國曆交接以節氣時辰界分。

牛　財官相生，單打獨鬥不如團隊合作

成功不一定屬於擁有資源的人，而是善用資源的人。「財官相生」是牛族們癸卯兔年的豐富資源，牛族們知道如何充分運用嗎？知道關鍵點在哪裡嗎？

流年運勢

　　收成彙整，即熟悉又陌生的名詞。對於種植耕作畜養業者而言，肯定不陌生，因為辛勤耕耘之後，肯定希望會有大豐收，而大豐收之後需要彙整資源為下一次的豐收做好準備。對於牛族的癸卯兔年而言，也是如此。「歲祿合星」讓牛族的2023多了許多「養命之源」，對於整體生命來說，這是一種擁有充沛資源而不自知的流年。「財官相生」是命理學術的說法，在過去的一年中已出現，然而那是一種付出之後再付出的循環，太歲星並沒有提供收成的資源能量和空間，而2023癸卯兔年就大不相同了。

亮點色系	幸運點色系	幸運數字	吉利方位
綠色、藍色	紅色 紫色、黃色	2、3、8、9 及其組合	南方 西南方、東北方

幸運點色系：流年運勢最需要補充與強化的元素與色系。
亮點色系：根據宇宙大自然或太歲星所提供較豐富的能量，充分運用會成為開運亮點的元素與色系。

「財官相生」代表的是財富與貴氣，同時也代表生命力、行動力和目標，以及自我肯定的成就，而這些都是癸卯兔年太歲星對於牛族們的流年磁場所提供的禮物。雖然可惜的是，在這些禮物中缺乏了收成的元素，不過癸卯兔年太歲星還是提供了引動的元素。在太歲五行中代表的是「火」，至於如何布局和運用色彩開運，請閱讀「開運風水」。

　　成功不一定屬於擁有資源的人，而是善用資源的人。「財官相生」是牛族癸卯兔年的豐富資源，牛族知道如何充分運用嗎？知道關鍵點在哪裡嗎？

　　對於牛族而言，「火」元素代表的範圍十分廣泛。對於個人而言，代表的是健康、家庭與生涯規劃。對於事業而言，代表的是團隊、組織、文化、合作與整體性的計畫。對於財富而言，則代表積蓄、穩定性的投資、不動產與傳承。牛族不妨自我檢視一番，肯定不難彙整出流年旺運的相對策略。在這之前，就從如何讓自己更健康開始著手吧！

⚙ 事業運勢

　　太歲星所提供的「財官相生」，掌握的關鍵點元素在牛族的事業上，代表的是團隊、組織、文化、合作與整體性的計畫。這個時候對於「單打獨鬥不如團隊合作」的說法，應該會很有感覺。對於企業牛族來說，企業文化的定調，決定了市場的寬廣與深遠；對於上班族牛族，則需要為自己找個好老闆和好公司，而考取證照和提升自我競爭力是最有效的旺運策略。

　　整體而言，事業上的異動需要斟酌，因為滾石不生苔。而新事業

的出發宜循序漸進，而企業轉型也不宜過度。值得提醒的是，健康的維護十分重要，事業要拼，健康同要需要照顧。熬夜是影響健康最大的元凶。

財利運勢

雖然財富運勢頗佳，金錢星的磁場十分明顯，也有機會因此增添事業的風采。不過從太歲五行氣數角度觀察，發覺這是個需要致力於合作的一年，否則極容易陷入所謂的「財多身弱，富屋貧人」的窘況。用直白的話來說，那就是所謂的「過路財神」。如同在流年運勢篇中所說的，牛族的旺運關鍵元素是「火星」，對於財富而言，則代表積蓄、穩定性的投資、不動產與傳承。

整體而言，牛族的財利運勢以冬天最旺，春天持平，夏天收成，秋天再布局，透過合作或是平台運作，則一年四季都有機會發財致富。

投資標的宜以儲蓄概念為主，以及資產、集團、能源、電池、宅經濟、電信、健康等概念股值得關注。

情緣運勢

家庭是牛族2023癸卯兔年的旺運處所，也就是說只要將居家風水布局好，還有家庭的氣氛經營好，事業和財運自然就會沒有煩惱。不論是否成家，有個甜蜜的窩十分重要，就從自己的房間整理開始。今年的幸運顏色是黃色和紅色，因此牛族的房間和客廳適宜多彩溫暖的橘色系列。

單身適婚女性牛族，要認真謹慎地面對這個流年的情緣運勢，只因為「偏緣星」氣勢頗旺，還是將生活焦點擺放在事業上為宜。男士們就明顯比較幸福，除了「正緣星」氣勢佳外，同時還出現了桃花盛開的現象，這一年除了廣結善緣，別忘了經營情緣關係。男士們要珍惜另一半，因為她是你的事業運勢大貴人。

開運風水

　　「財官相生」的另一種闡釋就是「名利雙收」，2022年出現過，不過由於「病符星」纏身而力有未逮。2023癸卯兔年再度出現，太歲星提供了50％的善意，其餘的需要牛族自己補強。在策略上請參考「運勢分析」，在風水開運的部份請參考本篇，並請確實執行以免暴殄天物。

　　既然「火」是重要元素，那麼這一年就需要多用紅色、紫色系列衣物。屋宅與辦公室的正南方是今年風水布局重點，聚寶盆、長明燈、紅色擺飾……缺一不可。另外隨身攜帶鑲有紅寶石的「如意」，以及具有「火星」源頭概念的「黃金虎眼一葉致富石」。

　　牛族的本命五行屬土，喜歡火氣相生，太歲星的水與木元素頗盛，牛族需要的動作是「引動」火氣，「名利雙收」容易如願以償。

流年運勢亮點顏色與方位：綠色、藍色。北方、東方、東南方。
流年運勢幸運點顏色與方位：紅色、紫色、黃色。
**　　　　　　　　　南方、西南方、東北方。**
流年貴人生肖：馬、蛇、狗、羊、虎。

屬牛各年次流年運勢

1997年的牛（民國86年，丁丑年，27歲）

官印相生的流年，十分難得，再加上又是所謂的「異路功名」的格局，代表的這一年中的努力很可能擦出預料之外的火花。東作西成，指的雖然是春耕、夏耘、秋收、冬藏，不過還是以多元型耕耘屆時就有機會遍地開花。只不過還是有必須要專注的部份，那就是一個時間做好一件事情。女士們宜謹慎面對情緣事務，男士們有機會成家立業，男女生都適宜先構築幸福的窩。

1985年的牛（民國74年，乙丑年，39歲）

健康是最大的財富。經過疫情的肆虐，相信這句話已然成為大家的耳熟能詳與共識。由於1985年次的牛族癸卯兔年健康星氣勢並不理想，因此有必要在養生方面多費心思。人際關係磁場活絡起來，代表有機會積累貴人籌碼，不過不應該因此而忽略了家人的互動。

這是個宜謹慎面對投資求財的一年，因為容易追高殺低，因此還是做足功課再進行投資求財事務。

1973年的牛（民國62年，癸丑年，51歲）

團結力量大，的確如此。不過對於牛族的2023年來說，卻是個需

要十分留意的一年。在這一年中容易出現許多合作的機會，不論是個人合作，還是團隊合作，都有必要多瞭解彼此真實情況，盲目合作容易傷害到彼此的專業和資產。謹慎理財是另一個需要的提醒，千萬別輕易相信「朋友有通財之義」，因為極容易有通沒有回。男士們需要小心面對情緣事務，不適宜的對象少碰為妙。

1961年的牛（民國50年，辛丑年，63歲）

時來運轉是一種期許，然而對於1961年的牛族們而言，卻是個千載難逢的機會。不論在過去的幾年中是因為疫情而遭到傷害，還是因為疫情而轉型成功，都有機會獲得延伸性伸展的機會。因為「太歲文昌星」與「偏財祿星」結合，對於商務買賣與業務行銷的牛族是最有利的。而一般牛族也有機會因此享受生活上的變化，思想通了，生命也豐富起來。男士們情緣運勢頗佳，值得珍惜。

1949年的牛（民國38年，己丑年，75歲）

生活愈簡單愈好，說起來輕鬆，做起來卻不容易。在生活機能豐富而方便的現代，資訊也格外充沛，很難不讓生活受到干擾，欲望多了，負擔就重了。有人說：「生活本不苦，苦的是欲望過多；心本無累，累的是放不下。」對於1949年牛族的癸卯兔年而言就是如此。

整體而言，這是個幸福的流年，先決條件是需要看淡，雖然不容易，但不試試又如何知道？

屬牛流月運勢

宜謹慎面對的月份：正月、三月、五月、六月、九月、十二月

正月 運勢（國曆2/4～3/5）

新春期間，享受歡樂，迎接新氣象，這是個喜悅的月份。尤其是事業上的「官貴星」值月，對於一整年的事業運勢具有莫大的助益，就從拜拜祈福和執行整體的規劃開始。不過本月不利嫁娶，只因為月犯「孤辰」。然而女士們的情緣運卻是理想的。

二月 運勢（3/5～4/5）

太歲之月，還是謹慎面對為宜。對於牛族而言，雖然依舊是吉利之月，不過由於月犯「五鬼星」，在事業上的運作能低調就盡量低調，而執行的策略也依照計畫行事的方式進行，功虧一簣的現象就不容易發生。男女牛族都需要謹慎面對情緣事務。

三月 運勢（4/5～5/5）

本命三煞星主事的月份，諸事不宜。嫁娶是一件十分重要的人生大事，自然不建議在本月進行。「太陰星」高掛，男士們的貴人容易出現在身邊的女性朋友中。女士們也宜低調與職場夥伴互動。家庭磁場頗佳，即便出現「歲害」也依舊適宜執行重要事務。

四月 運勢（5/5～6/6）

　　本命三合之月，自然是吉利非常。財利運勢十分活絡，商務買賣與業務行銷牛族都值得加把勁，因為辛苦有成。女士們的情緣運勢佳，而另一半的事業運勢也十分理想，家庭幸福值得營造。對於有意購屋換屋的牛族而言，這是個理想的賞屋時段。

五月 運勢（6/6～7/7）

　　本命「六害星」與「歲絕星」併臨，再加上又出現了「太歲五鬼星」的干擾，這個乍看吉利的月份，其實隱藏著許多不協調的能量。謹慎理財，因為劫財星虎視眈眈，這其中尤其要避開歡喜劫財。男士們請多關心另一半的健康。

六月 運勢（7/7～8/7）

　　本命六沖之月，理論上諸事不宜，不過對於牛族而言，此種土土對沖的現象，反而容易像大地接受過風雨的沖刷一般，將負能給一番沖洗調整。再加上太歲三合星照拂，即便本月不利嫁娶，也還是可以享受溫馨的情愛。不過健康星氣場不佳，因此宜多關注養生事宜。

七月 運勢 （8/7～9/7）

七月直接聯想的就是鬼月，即便也被稱為慈孝月，七月的詭異氣氛依舊濃厚。本月不利嫁娶，重要吉事也最好避開，以免造成日後的疑神疑鬼。不過牛族的運勢頗佳，因為貴人、龍德、紫微和月德吉星照拂，再加上機會星氣勢佳，事業上有想法還是可以執行。

八月 運勢 （9/7～10/8）

文昌星值月，又有本命三合星照拂，按理說應該是吉利的。不過由於正值「歲破」之期，本月不但不利嫁娶，重要吉事也最好避之為宜。對於牛族而言，這個月更需要提防的是「白虎星」的血光厄勢力，捐血救人是最好的化解方式。

九月 運勢 （10/8～11/7）

歲煞之月，也是歲合之月，大環境出現了吉凶交參的現象。對於牛族而言，還是需要謹慎以對，因為出現不協調的刑剋磁場，尤其是投資買賣這檔事，多觀察少動作為佳。劫財星氣勢頗盛。男士們要謹慎面對情緣事務。

十月 運勢 （11/7～12/7）

驛馬星值月，並且是財祿驛馬，這是個辛苦有成的月份，投資求財按部就班為宜。金寒水冷的本月，牛族需要更多的「火」元素，就從多用紅色系列衣物開始。驛馬星啟動，重要事務還是以靜制動為宜。男士們還是需要謹慎面對情緣事務，女士們情愛運勢頗佳。

十一月 運勢（12/7～1/5）

　　本命六之月，大利嫁娶，尤其是男士們娶老婆過好年的大好時機。「歲祿星」值月，大環境磁場更優，女士們的愛情運勢持續理想，另一半的整體運勢也極為順暢。投資求財有利可圖，大利執行見好便收的策略。健康星氣勢不佳，宜留意天候變化。

十二月 運勢（1/5～2/4）

　　本命之月，大好大壞。本月不利嫁娶。雖然也是「歲祿合星」職事之月，不過由於整體活絡度頗低，重要吉事務必避開此月。歲末年終整理心情準備過個好年。本月最為理想的開運策略就是布施，對於弱勢團體的捐贈容易喚來社會的溫暖共鳴，功德無量。

大方分享，
創造預期中的富足

這是個十分有意思的流年。那就是越想要，越不容易得到，而越大方分享，越容易創造預期中的富足。想知道為什麼，請繼續看下去喔！

 ## 流年運勢

　　一個人走百步，不如一百人走一步。說的是合作的力量是偉大的，更是老虎們值得體會與運用的流年智慧。

　　整體而言，這是個喜悅的流年，人際關係磁場十分理想，因為太歲星是老虎們的好朋友，因此廣結善緣積累貴人籌碼，成為了值得努力的課題。不過可惜的是，會真的實際付出行動的老虎並不多，原因是剛卸下太歲職務的老虎們，辛苦了！正因為是卸任太歲，太歲期間的傷身和耗損能量，卸任太歲後的今年成為了「病符星」的代表。

　　這是古人的智慧，犯「病符星」的生肖，並不代表一定會生一場

亮點色系	幸運點色系	幸運數字	吉利方位
黑色 藍色、綠色	紅色 黃色、白色	4、6、7、9 及其組合	南方 西方、西北方

幸運點色系：流年運勢最需要補充與強化的元素與色系。
亮點色系：根據宇宙大自然或太歲星所提供較豐富的能量，充分運用會成為開運亮點的元素與色系。

大病，而是一種在心志上的有氣無力現象，而事業上的行動力降低將會是最容易體驗到的部份；以及「只欠東風」的現象，事務的執行上總是覺得似乎少了什麼。重點是，如果沒有執行經過設計的趨吉避凶，這股「東風」元素恐怕很難出現。

空間的美麗需要設計感，而老虎們的兔年趨吉避凶也需要設計。因為癸卯兔年的太歲星是老虎們的朋友，同時也是劫財星，而在劫財星氣息旺盛的兔年，正巧流年運勢結構中的創造星、財利吉星與事業星氣勢都不理想。於是乎，這個時候的太歲劫財星成為了真正的朋友，同時也成為了可以旺運的助力星，老虎們可以展現獨到的才華或資源，引化太歲劫財星的能量成為生財的元素，而這就是經過設計的合作系統，借力使力少費力的意境盡在其中。

在兔年的太歲五行氣勢中，老虎們的弱點是想得太多做得很少，除了因為阻礙多之外，老虎們自身的行動力衰弱才是重點。如果沒有執行經過設計的趨吉避凶，恐怕會有一種走不出去的無力感。事實上，流年氣數中有一個亮點值得老虎掌握，那就是團隊的力量。企業經營老虎們架構好領導系統，接下來只問系統，就不需要問人。這就是為什麼「越想要，越得不到」，而組建合作系統則是「越大方分享，越容易創造預期中的富足」。

事業運勢

後疫情時代，有一種百廢待舉的感覺，不過在癸卯太歲的文昌氣息引動下，相信只要是準備好的人，都有機會一展身手。不過2023年的老虎恐怕就要多做功課了，而這門功課並不好作，因為流年事業星與提升事業星的元素雙雙告急。

這個時候，老虎們需要學習，並且是具有目的性的學習，再加上設定好目標與行動要旨，如此才有機會讓處於乾涸狀態的事業運勢進入喜獲甘霖的境界。

　　這是個充滿不得已氛圍的一年，這個時候最大的忌諱是被推著走，習慣主導一切，理所當然的思維也影響了老虎，事實上唯有主動出擊，主動轉變或轉型，老虎們才有機會一展身手。

 ## 財利運勢

　　化劫財為生財。這不是口號，而是老虎們2023兔年的重要功課，因為這是劫財星當道的流年，而分享是轉化劫財星氣勢的絕佳途徑。正如開頭所說的，這是個十分有意思的流年，那就是越想要，越不容易得到，而越大方分享，越容易創造預期中的富足。

　　整體來說這是個財利吉星氣勢不明顯的一年，不過幸運的是，能夠生財旺財的財源氣息，卻和劫財星氣息相通，於是乎合作成為了「化劫財為生財」的絕佳策略。老虎們提供自己的才華和資源，朋友們提供行動力，建立異業合作的共好系統。

　　投資求財方面，新興產業、網通、電池、車用電腦、交通事業、能源概念……，都是值得關注的標的。

情緣運勢

　　桃花盛開的流年，按理說應該是個情緣如意的一年。不過在「病符星」作祟下，老虎們的愛情行動力恐怕會打了折扣，再加上太歲星提供了「家」的磁場，於是務實「成家」將會成為今年的強烈念頭。

整體來說，此種念頭對於幸福而言是一種喜訊，只不過也容易壞了羅曼蒂克的桃花氣息。

換個角度來說，這是個大利婚嫁的流年，愛情的主要目的在於一起構築幸福，目標一致幸福就會如願降臨，而已婚的老虎則宜將居家整體一番，布局好風水迎接新年新氣象。

然而對於處於需要處理愛情困擾的老虎們來說，這是個不容易找到答案的一年，最好的策略把精神擺放在事業的經營上，職場得意，情場的失意就不算什麼了。

開運風水

想要才會得到，想飛才會高飛。只不過今年的老虎們想要的是「合作」與「分享」，營造可以聚集資源，一起合作，一起興盛繁榮的系統風水，老虎們的癸卯兔年想不旺都難。

這個旺運的流年元素在於西北方，只不過2023癸卯兔年的西北方卻是「關煞星」飛臨的地方，因此需要擺放黑曜石貔貅和一碟粗海鹽，以及白色陶瓷的兔子雕飾擺件，目的在於「合太歲」。

老虎本命五行屬木，最喜歡水木元素生助，本命吉利顏色為綠色和藍色，吉利方位為東方、東南方和北方。

癸卯兔年的水木元素已然十分充沛，反而是需要開拓生機的火，旺財生財滿足生命需求的土，以及事業職場受到肯定的金。因此最好的旺運策略還是在隨身攜帶黃金虎眼石平安扣與黃金虎眼一葉致富石，如意造型的飾品也是理想選項。

流年運勢亮點顏色與方位：黑色、藍色、綠色。北方、東方。
流年運勢幸運點顏色與方位：紅色、黃色、白色。南方、西方、西北方。
流年貴人生肖：狗、馬、兔、豬。

屬虎各年次流年運勢

1998年的老虎（民國87年，戊寅年，26歲）

這是個幸運的一年，財利與事業運勢同步理想，只要給予適當地計畫與目標，再加上妥善的風水布局，想要名利雙收並不困難。雖然有人說，愛情不會是生命中的唯一。然而在愛情運勢十分理想的今年，不但容易成為生命中的唯一，同時也容易成為幸福的泉源。職場與情場都一路順暢，剩下的就是學習與計畫。換個角度來說，2023年是男士們的成家立業年。對於女老虎來說，則建議將名利雙收的能量架構在事業職場上頭。

1986年的老虎（民國75年，丙寅年，38歲）

機會永遠是留給準備好，並且願意付出行動的人。不過後疫情時代，機會往往是被逼迫出來的，老虎們的2023癸卯兔年的事業機會就是這樣來的。換個角度來說，這是個有機會讓事業生命擁有更多斜槓的機會，不論老虎們的事業是否必須轉變，這一年出現的機會都不應該忽視與放棄。考取證照將會是最快速的旺運策略。愛情方面的事務不會是今年的主要課題，重要抉擇明年再說。

1974年的老虎（民國63年，甲寅年，50歲）

健康是最大的財富。無庸置疑！對於74老虎而言，2023癸卯兔年將會是個很珍貴的流年，因為是老虎們的健康幸福年。養生的訊息值得掌握與學習，健康有機會獲得改善或是更健康。家庭運勢也在幸福的行列中，有意購屋換屋的老虎，這是個值得進場圓夢的一年。搬家、修造自然也十分吉利，不過最重要的還是為家人布局最好的流年風水。另外，貴人桃花能量也十分明顯，適宜積極廣結善緣積累接下來三年的好運勢。

1962年的老虎（民國51年，壬寅年，62歲）

衣不如新，人不如舊。對於老虎們而言，這一年的人脈能量極容易破表，因為桃花星與人脈能量進入共振狀態。不過這個時候，最為理想旺運策略反而不是積極廣結善緣交朋友，而是積極參加公務團體，或是安排學習的課程結識志同道合的同修。

事業方面，容易出現合作的機會，可以多觀察，但不宜貿然行動。因為流年磁場中缺乏後續的實質效益，宜提防人財兩失。

1950年的老虎（民國39年，庚寅年，74歲）

學習是為了讓生命更精彩，活到老，學到老。這是個充滿生命力的流年，許多新奇的事務，新鮮的訊息，出現在生活中，抱持喜悅的心情，迎接新的體驗，老虎們容易創造出新的生命力。就從學習開始，美術、工藝、文藝、語文、歌唱、舞蹈、養生功……甚至於讀書會，或是和朋友聚會聊天，都會是創造新生命力的流年好方法。

屬虎流月運勢

宜謹慎面對的月份：正月、四月、六月、七月、十二月

正月 運勢（國曆2/4～3/5）

卸下太歲職務的老虎，最需要的將會是修身養息。由於病符星是今年的職年星曜，因此老虎們的養生之道最好從新春就要開始。

本命之月，也是大好大壞的月份。老虎們要以喜悅的心情與氣氛避開「五鬼星」的厄勢力，開啟幸福滿滿的桃花年。

二月 運勢（3/5～4/5）

太歲之月，十分吉利。再加上老虎們的桃花星盛開，人脈磁場上有機會獲得經營與積累。合作磁場十分活絡，不過遊戲規則務必嚴謹訂定。這是歡喜劫財月，因此宜謹慎理財，尤其宜避開情緒消費的機會。雖然如此，商務買賣與業務行銷都值得努力，因為有機會營造亮眼業績。

三月 運勢（4/5～5/5）

太歲六害星職事的月份，重要事務謹慎執行，重要的話謹慎說，即便是忠言，也需要提防逆耳。幸運的是，暗貴人的支持不斷電，廣結善緣的功課不宜停歇。本命智慧星明顯，機會出現了宜掌握，變動的訊息出現了，就該立即行動。

四月 運勢（5/5～6/6）

有人說「最大的貴人是自己」，事實上最大的小人也是自己。本命六害星主事的本月，凡事依照計畫行事，遇到了任何改變，宜先改變計畫。男士們宜謹慎面對情愛事務，避免勞命傷財。財利運勢頗佳，投資求財見好便收。

五月 運勢（6/6～7/7）

以慢為快，方能以始為終。本命將星主事，事業上的突破就別客氣了。不過由於月犯「太歲五鬼」、「歲絕」與「歲刑」，大環境的考驗需要更多更好的情商，不妨體驗一下「慢即是快」的感覺。女士們的情緣運勢雖佳，同樣需要「慢即是快」的智慧。

六月 運勢（7/7～8/7）

歲合星主事，按理說應該諸事皆宜。不過由於本命「小耗星」與「死符星」臨月，在職場上展現才華與本事的時候，還是需要留下退路機制。男士們情緣運勢雖佳，但本月依舊不宜嫁娶。市場出現活絡的氣氛，投資買賣宜順勢調整節奏。

七月 運勢（8/7～9/7）

七月總是有許多的傳說與禁忌，由於是老虎們的本命驛馬衝剋月，因此以靜制動是理想，以趨吉避凶。七月不利嫁娶，寧可信其有。化解衝剋的元素是水星，藍色是開運色系。對於事務的執行而言，一旦勢在必行，就有必要以凝聚共識的方式進行。

八月 運勢（9/7～10/8）

月圓人團圓，這是個圓滿的月份。不過對於兔年而言，圓滿的八月卻是「歲破月」。這個時候，除了拜拜祈福和恭賀佳節外，所有的重要吉事還是避之為宜。禮多人不怪，掌握中秋節一年一度轉運日，廣傳祝賀佳節的訊息，有助人脈運勢的提升。

九月 運勢（10/8～11/7）

三合吉星與太歲六合吉星併臨，理當是諸事皆宜。只可惜，由於「歲煞星」值月，重要吉事還是以另擇他月為宜。「白虎星」虎視眈眈，捲起袖子捐出鮮血，一紅化九災。才華星與合作的磁場出現共振狀態，訂妥遊戲規則有機會借力使力。

十月 運勢（11/7～12/7）

歲星三合，本命六合，這是個吉利的月份，諸事皆宜。上個月的借力使力，有機會在本月嶄露結果。家庭運勢頗優，入宅、遷徙、修

造之舉可擇吉執行，購屋換屋族也適宜賞屋選屋。人脈磁場亦佳，大利積極廣結善緣積累貴人籌碼。

十一月 運勢（12/7～1/5）

太歲桃花與歲祿吉星併臨，這是個吉利的月份。大環境的喜悅，提供了「冬藏」的量能，投資求財宜以調節納財為先。事業的出發或轉型，最好在本月執行，除了有歲祿吉星的祝福，最重要的是，要避開不吉利的十二月。

十二月 運勢（1/5～2/4）

三煞星氣勢明顯的本月，諸事不宜。雖然出現了「歲祿合星」的身影，不過由於整體氣勢十分不理想，本月除了謹慎行事外，同時更要妥善管理健康事宜。歲末年終，上個月的「冬藏」策略，本月有必要繼續執行。今年事今年畢，送兔迎龍歡喜過年。

謀定後動，安太歲趨吉避凶

先畫靶再射箭，目的是逼迫自己下定決心，並且按照計畫成就期望。這一年不需要擔心「犯太歲」，該擔心的是「心中想得千百計，最後還是老主意」。

 ## 流年運勢

　　太歲當頭坐，無災恐有禍。傳統的說法，道盡了長輩們的牽掛與關懷。事實上也是如此，因為輪值太歲星的生肖，也就是命理學術上所稱的「伏吟」，那是一種力量重疊的現象，相同的磁場覆蓋在一起，就像在流年運勢上多了顆未爆彈一樣的隱憂。「伏吟」指的就是這種意境，一種隱藏的、伏藏的呻吟，宛如芒刺在背，屬於看不到的不協調，儘管不舒服，但就是不知道問題出現在哪裡。

　　然而回過頭來說，擔任太歲星的生肖，五行和當值太歲一模一樣，因此才會有力量重疊的說法，而這也是一種加乘的現象。仔細想

亮點色系	幸運點色系	幸運數字	吉利方位
綠色、藍色	紅色、紫色 白色、黃色	2、6、7、9 及其組合	西南方、南方 西北方、正西方

幸運點色系：流年運勢最需要補充與強化的元素與色系。
亮點色系：根據宇宙大自然或太歲星所提供較豐富的能量，充分運用會成為開運亮點的元素與色系。

想，每一年當家作主的太歲星是何等的威聖，因此和太歲星相同的生肖，自然能量也和太歲星一樣旺盛，雖然出現了冒犯太歲星的「犯太歲」，不過整體氣勢也和太歲星一樣超級旺。因此「犯太歲」的生肖，可以說是十二生肖中運勢能量最強的生肖。

犯太歲的兔子們務必安太歲，除了向太歲星致意之外，也在提醒自己這一年的行事風格必須更多的細膩與謙虛，避免盛氣凌人，也要提防衝過了頭。

整體而言，2023癸卯年的運勢亮點元素是水星和木星，代表氣勢與能量最強的部份。在傳統命理學術中這是被視為最忌諱的五行，在陶文老師研究的「奇門基因元辰神數學」中，卻是值得珍惜與發揮的亮點元素。對於兔子而言，2023年的水星代表的是家庭與團隊，在事務執行上則代表規劃與謀略；至於木星代表的是，人際關係、貴人能量與自我能力的呈現。

再從「身祿」和「太歲星」同體的角度解讀，發覺在2023癸卯年兔子們想要擁有好運勢，都必須身體力行，親力親為，運用智慧星達成目標，而這個目標必須設妥，理論很特殊，那就是「先畫靶再射箭」。

事業運勢

心中想得千百計，最後還是老主意。為了避免陷入此種象牙塔的窘況，兔子們務必要執行「先畫靶再射箭」的策略。運用的元素有三，一是自己的意志力；二是朋友或他人的才華；三是不入虎穴焉得虎子的勇氣與智慧，因為「危機在哪裡，機會就在那裡」。

擔任「太歲星」的兔子，還有一個流年職務那就是「太歲文昌

星」，而引動「文昌星」創造機會的卻是「太歲煞星」。很複雜的關係，也是很微妙的組合。對於後疫情時代而言，此種結構代表的就是「絕處逢生」和「柳暗花明」，象徵的是「機會點」的啟動與「大未來」的開始。這個時候，唯有執行「先畫靶再射箭」的流年策略，否則年底結算很可能還是在原地打轉。

 財利運勢

危機入市，需要膽量，同時也需要本事，更需要機會。後疫情時代的來臨，市場上的現象即便不是財富重新分配，也會是機會重新洗盤。2023癸卯年的整體流年中的財富並不明顯，不過兔子們只要掌握一個「關鍵點策略」，就有機會開啟自己的「財源星」大能量。

這個「關鍵點策略」就是「借力使力」，借助數據的分析，市場氣勢和氛圍的流動，以及自己的努力與學習。企業兔子們仔細分析事業多元轉變，創造財富的可能與方向；而朝九晚五的兔子們則宜安排學習投資理財的智慧。

整體而言，財運以夏天最為理想，秋季收成，冬季計畫再出發。投資標的宜以能源、生活、通路、電池與交通概念股為佳。

情緣運勢

成家立業是什麼樣的概念？水木相生的流年是幸福指數頗高的一年，把居家風水磁場布局妥當，單身適婚兔子容易啟動「成家」的能量，已成家或有伴侶的兔子，則容易因為擁有幸福與圓滿的磁場，而讓整體運勢獲得穩健性的提升。

對於還在尋尋覓覓的單身兔子們而言，這一年宜將精神擺放在事業的經營上，不是不想得到愛，而是換個方式找到愛。一般來說，職場得意，商場容易順遂，情場就容易左右逢「緣」。

已婚或有伴侶的男士們，宜留意另一半的健康，安排個整體性的健康檢查是理想的趨吉避凶。女士們面對這一年出現的對象，多觀察，緩行動為宜。

開運風水

目標明確，方向容易掌握，力量也不容易虛耗。這是2023癸卯年兔子的開運風水策略要點。

兔子們的本命方位在正東方，五行屬木，水和木是生助五行，藍色與綠色是生助色系。而在水木相生的癸卯年，又是自己的「身祿年」，自然容易如魚得水。

然而，生命的目的在於開創更多的精彩，這個時候兔子們要運用這些「流年亮點」元素，去開啟「流年幸運點」元素，那就是火星、土星與金星。而最為理想的開運礦石是「黃金虎眼石」，如「平安扣」與樹葉造型的「一葉致富」。如意造型的珮飾，自然也容易讓流年運勢更加如意。

流年運勢亮點顏色與方位：綠色、藍色。東方、東南方、北方。
流年運勢幸運點顏色與方位：紅色、紫色、白色、黃色。
**　　　　　　　　　　　西南方、南方、西北方、正西方。**
流年貴人生肖：狗、豬、虎、馬。

屬兔各年次流年運勢

1999年的兔子（民國88年，己卯年，25歲）

年輕是最大的本錢，尤其是在事業上的衝刺與嘗試，可以更大膽、更積極。斜槓已經不再是市場新鮮詞，這是個充滿機會的流年，值得掌握。雖然年輕，不過當正緣星出現的時候，值得年輕的男士們掌握。女士們就需要多一份矜持了，再好的對象都需要經過時間的考驗。偏財運十分理想，商務與業務兔子值得加把勁，職場兔子也是如此，因為這是個名利雙收年。

1987年的兔子（民國76年，丁卯年，37歲）

無心插柳柳成蔭，是什麼樣的意境。兔子們有機會在這一年獲得嘗試，尤其是在事業上的成就與發現。新的機會容易如雨後春筍，值得兔子們運用團隊的策略掌握，即便獨自出發也需要完整的規劃。不論男女兔子，宜將情愛擺一邊，事業擺中間。已婚或有伴侶的兔子，則宜布局幸福的窩。投資求財務必守紀律，因為這一年最容易追高殺低。腸胃健康宜多留意。

1975年的兔子（民國64年，乙卯年，49歲）

健康是無可取代的價值。而2023癸卯年太歲星給予兔子們的祝

福就是健康，不論是養生知識的獲取，還是有需要調整健康狀況的兔子，在今年都有機會獲得太歲星的照拂而獲得成效。

家庭運勢頗佳，有意購屋換屋的兔子們適宜展開行動。為家人布局旺旺好風水，家庭成員們的事業與財運都有機會獲得開啟。

愛情運勢處於平常狀態，彼此有各自的天空是一種幸福，單身兔子生活焦點宜在事業上。

1963年的兔子（民國52年，癸卯年，61歲）

真正犯太歲的生肖，因此需要紮紮實實執行趨吉避凶。先從安太歲開始，虔誠的心最重要。其次這一年的生日建議默默的過，並且立即開始為自己種福田，捐贈幫助弱勢，也在為自己添福氣。

靜下心、放慢腳步，觀察人生，也享受人生。這是個能量嚴重重疊的流年，60年一次，因此任何事務都需要重複檢視。謹慎理財是必須的提醒，親友的借貸量力而為。

1951年的兔子（民國40年，辛卯年，73歲）

人生是來享受的，不是用來辜負的。2023癸卯年太歲星提供給兔子們的是怡然自得，那是一種灑脫，也是一種隨心所欲。這是個幸福的流年，也許疫情還是讓我們不方便，但經過了這兩年來的醒悟，發覺有了許多的生命察覺。該奮鬥的，都奮鬥過了；該付出的，也都付出過了。流年太歲星提醒兔子們，要多享受生活，安排過去想學習的，想吃的，想去的地方。這是個怡然自得的流年。

屬兔流月運勢

宜謹慎面對的月份：二月、三月、五月、八月、九月、十二月

正月 運勢（國曆2/4～3/5）

貴人如春分，不但明顯，並且拂面而來。這是個充滿出發能量的月份，新年新氣象，新年新希望，事業上的出發與轉型都該著手規劃與進行。這是開啟一整年好運勢的時機點，財運、事業與貴人運都格外亨通。行動吧！好的開始就是成功的全部。

二月 運勢（3/5～4/5）

太歲之月，又是兔子們的本命月，大好大壞勢在難免。諸事不宜，是必須的提醒，不過如果可以搭配趨吉避凶策略，則只有大好，沒大壞。紅色是開運色系，多多採用。養狗嗎？沒有沒關係，將狗狗的圖片貼在手機首頁，讓「歲合星」化厄為吉。如意和虎眼石平安扣是開運珮飾。

三月 運勢（4/5～5/5）

六害星職事的本月，諸事不宜，最大忌諱就是嫁娶。以靜制動是本月需要的趨吉避凶，新事業的出發，稍安勿躁為宜。不過幸運的是，暗貴人的磁場雖然不明顯，卻暗中持續釋放能量，未必是「臥薪

嘗膽」，但肯定是養精蓄銳。重要的是，謀定而動，這是積累能量的月份。

四月 運勢（5/5～6/6）

驛馬星和貴人星同步發動，上個月的沉著與養精蓄銳，造就了這個月的強勢出發。財利運勢格外理想，投資求財該獲利的莫遲疑。男士們謹慎面對情緣運勢，不是你的菜，千萬別掀那個蓋。女士們正緣星明顯，宜化被動為主動，另一半的運勢十分理想。

五月 運勢（6/6～7/7）

炎熱的五月，要提防的不只是紫外線，還有煞星的威脅。本月諸事不宜，除了「五鬼星」作祟之外，還有一種力不從心的磁場。而提升能量的最好元素是金星，那就是白色，還有同心協力的團隊，以及甜蜜的家。做好規劃，安步當車，掌握正西方布局好風水。

六月 運勢（7/7～8/7）

進入小暑，天氣更熱了。兔子們的運勢也由逆轉勝，三合吉星帶來的禮物是才華容易受到肯定。不過對於心得與專業發現，不適合急著發布與分享，因為容易遭竊。謹言慎行不是為了避小人，而是讓自己擁有更寬廣的運作空間。本月諸事皆宜，但須不疾不徐。

七月 運勢（8/7～9/7）

七月總是會有很多的傳說與禁忌，不過對於兔子們來說卻是十分理想，運勢指數極高的月份。除了貴人滿分，還有事業的再攀高峰，完全在於積極廣結善緣向上鏈結，以及上個月正西方的用心布局。七月十五（8/30）地官赦罪日，值得掌握除厄運，旺好運。

八月 運勢（9/7～10/8）

好運連續，因為月圓人團圓，還有五行能量的生助。不過可惜的是，對於2023癸卯兔年而言，今年的八月是多變數的月份，只因為遇到「歲破」，同時也是兔子們的本命六沖。此月諸事不宜，只適合做一件事，那就是祝福佳節，發的文愈多，接下來的運勢才會更好。

九月 運勢（10/8～11/7）

六合之月，原來應該是吉利的月份，無奈的是，由於此六合星同時也是兔子們與太歲星的煞星。諸事不宜是必須的提醒，更不利嫁娶。這是個尷尬的月份，因為機會和威脅同時報到，多給自己時間過濾，於是「事緩則圓」成為了本月趨吉避凶的座右銘。

十月 運勢（11/7～12/7）

本命三合，同時也是歲星三合，這是個吉利的月份，因此諸事皆宜。合作的磁場格外明顯，而借力使力的機會也特別多，安排學習是最為理想的旺運策略。「白虎星」主事，一紅化九災，捲起袖子捐出

鮮血，既做了功德，又化了災厄。本月宜謹慎理財。

十一月 運勢（12/7～1/5）

　　身祿、歲祿同時併臨，吉利的能量擋不住，氣勢自然也容易破表。上個月的學習，這個月是現學現賣最好的時機點，心想事成就此種意境。不過需要提醒的是，耳根子不宜過軟，否則容易陷入人云亦云的泥淖中。桃花星盛開，廣結善緣，可望化小人為貴人。

十二月 運勢（1/5～2/4）

　　歲祿合吉星主事，按例說應該是吉利的。不過由於歲末的丑月，也是兔子們「祿神星」遭到牽絆的時候，正巧是歲末年終，收成是必要的功課。整理心情，迎接新年。這其中最需要舒緩的就是壓力，為的是避免健康遭到無形殺手的剋害。

一枝獨秀，妥善化解「歲害」

人生有許多事情，不是不能，而是無奈。命運也是如此，不是不夠幸運，而是無法兩全其美。龍族們只要妥善化解「歲害」，將會是癸卯兔年一枝獨秀的幸運生肖。

流年運勢

自備「智慧金星」的龍族，在「金元素」匱乏的2023癸卯兔年，是唯一一枝獨秀的幸運生肖。只不過，這個「金元素」卻因為「歲害」而無法善盡其勢，於是一枝獨秀的幸運變成了「一半的幸運」。

到底什麼是「歲害星」？事實上，這裡所說的「害」，不代表「傷害」，而是一種妨礙與干擾。太歲星癸卯和「歲合星戌」的六合狀態，因為龍族的「辰戌沖」而無法進入結合。而龍族「辰酉合」，卻也因為癸卯太歲星的「卯酉對沖」而出現遺憾。此種相互干擾與妨礙的現象就是所謂的「相害」，也是太歲星的「歲害」。

亮點色系	幸運點色系	幸運數字	吉利方位
黃色 綠色、藍色	白色 金黃色、紅色	0、2、6、7 及其組合	西北方 正西方、西南方

幸運點色系：流年運勢最需要補充與強化的元素與色系。
亮點色系：根據宇宙大自然或太歲星所提供較豐富的能量，充分運用會成為開運亮點的元素與色系。

很難懂，是吧！簡單地說，「歲害星」就是破壞好事的星曜。對於整體運勢而言，「歲害星」最容易造成的遺憾就是功虧一簣和事倍功半。然而「歲害星」也不是無法破解的流年魔咒，只不過所謂的「破解」，不在於「破除」與「沖散」，而是「舒緩」與「轉化」。首先自然是「安太歲」，因為解鈴還需繫鈴人，因此化解「歲害星」最理想策略就是「安太歲」，向太歲星稟報，祈求太歲星庇佑平安，讓阻礙與困難的磁場煙消霧散。其次就是行為上的策略，依照計畫行事，妥善設定年度目標與計畫，然後緊盯目標，按部就班落實計畫。還有專注每天要執行的事務，一個時間做好一件事，並且妥善照顧身邊關係，分享樂觀和喜悅成為別人的貴人。

龍族的本命六合特質，其實就是化解「歲破」的特質，雖然因此犯了「歲害」，但龍族們可以成為身邊朋友們的貴人。最值得一提的是，龍族也是化解「歲煞星」的關鍵生肖，呼籲龍族的朋友要好好珍惜。

事業運勢

這不會是適合異動的流年，不過卻是值得換個方式經營原有事業的大好時機。後疫情時代，沒有什麼不變化的，因為整個市場充滿著機會，即便龍族不想改變，也不宜放棄斜槓與轉型的機會。換個角度來說，成功不再會是「理所當然」，努力不一定會成功，但努力卻很可能出現預料之外的成就。白話地說就是所謂的「無心插柳柳成蔭」，而命理學術稱之為「異路功名」。

說起來很矛盾，認真分析卻又十分真切。那就是不輕舉妄動，但鼓勵換位思考，即便是新瓶裝舊酒也無妨。換言之，學習新本事，提

升本領層級，更換策略與創造新鮮，2023癸卯兔年極容易成為龍族成就新里程的開始。

 ## 財利運勢

正財星氣勢活絡的今年，財利運勢自然是理想的。而由於這股財富的磁場，具有推升事業成就的能量，因此對於龍族而言，2023癸卯兔年也會是個名利雙收之年，並且是因富而貴的格局。這是個值得努力的流年，其策略有二，一是學習提升理財與投資能力，在癸卯兔年的五行氣數中，龍族的財源吉星遭到「歲害星」的影響無法善盡其功。其次是紀律，投資求財和行商買賣都需要紀律，依照計畫行事，按部就班，否則收成和辛苦將很難成正比。

整體而言，龍族的財利運勢以秋天最佳，加碼的好時機，不過需要謹慎選擇標的。冬天財星氣勢最旺有利收成，春天靜觀其變等待機會，夏日炎炎宜提防追高殺低。投資標的以生技、穿戴、金融、電池、油電車等概念股為佳。

情緣運勢

偏緣星主事的流年，對於單身適婚女龍族而言，這一年與其將時間用在情緣事務上，不如把精力聚焦在事業上為佳，因為「異路功名」的事業成就，是值得期待與努力的。從專業「紅課擇日學」角度解讀，癸卯兔年對於女龍族的婚姻來說，也被記載為「不利嫁娶」，因為「歲害星」作祟。不過已婚或已有伴侶的女龍族反而是幸福的，因為在婚姻愛情中的磁場是純正的。

對於單身適婚男士們而言，癸卯兔年卻是個容易遇到真愛的一年，原因是「正緣星」的出現與成家的能量處於共振狀態。只不過有一顆「桃花星」還是需要留意，已婚或已有伴侶的男士們，千萬不要輕易嘗試「下不為例」的嘗試。

開運風水

　　這是磁場十分矛盾的一年，因為擁有「太歲星」急需的「金星」，而成為特別幸運的生肖，卻也因為「歲害」而打了折扣。此刻除了「安太歲」，以及依照計畫行事之外，家中和辦公室的風水布局才是重點。

　　請在「東南方」擺放發財金雞母或金雞報喜雕飾，材質必須是黃金或金屬，這是龍族化解「歲害」量身訂製的風水布局。另外在西北方擺放「特製轉運化煞小羅盤」，化煞為權，轉害為益。如果可以隨身攜帶，自然是最理想。

　　龍的本命五行屬土，本命方位在東南方，火土是生助元素，紅色和黃色是本命吉利色系。

流年運勢亮點顏色與方位：黃色、綠色、藍色。東南方、正東方、正北方。
流年運勢幸運點顏色與方位：白色、金黃色、紅色。
**　　　　　　　　　　　　　西北方、正西方、西南方。**
流年貴人生肖：雞、猴、鼠、蛇、羊。

屬龍各年次流年運勢

2000年的龍族（民國89年，庚辰年，24歲）

認真的人最帥，用心的人最美。生活中雖隨時都需要認真與用心，但這是最值得義無反顧的流年，因為帥和美會發酵在智慧、財富與事業成就上。就從安排認真學習的機會開始。男士們如果不排斥早婚，今年的姻緣運最為理想。女士們也不遑多讓，享受愛情的感覺是幸福的。不過比起事業上的成就，長官貴人們的青睞，似乎該聚焦的項目還是有聰明選擇的必要。

1988年的龍族（民國77年，戊辰年，36歲）

姻緣磁場超讚的今年，男士們千萬別錯過了上帝的幸福恩賜。需要特別叮嚀的原因，是因為事業磁場一樣超正，稍不留神就很容易因為事業而荒了婚姻。女士們恐怕就不是如此，寧可聚焦在事業上，也不要為情傷神。財利運勢頗為理想，投資求財有利可圖，商務買賣也值得投入心思，不過值得提醒的是，如何將錢保存下來是主要課題。購買不動產是選項之一，儲蓄概念標的則是選項之二。

1976年的龍族（民國36年，丙辰年，48歲）

可以選擇卓越，就不應屈於平庸。「官印相生」是事業格局的頂

尖，如此這般的流年，如果沒有一套拚命的計畫，那就要暴殄天物了。這個年頭，這個年紀，事業的成就幾乎就是全部。努力吧！因為真的會辛苦有成。女士們雖然有一種紅鸞星動的感覺，不過新戀情，新對象還是謹慎點的好。健康星磁場受到干擾，拚命工作的同時，還是要留意健康的維護。

1964年的龍族（民國53年，甲辰年，60歲）

家是溫暖的處所，是能量再生的充電廠，所以「家」不只是避風港。對於龍族而言，「家」是癸卯兔年太歲的最珍貴禮物，是整體好運勢的代表。對於有意購屋換屋的龍族來說，這是最為理想的執行年，吉屋可望覓得，價錢也會很漂亮喔！一甲子即將圓滿，重新整理再出發的意義十分強大，廣結善緣積累貴人，為嶄新出發做好準備。

1952年的龍族（民國41年，壬辰年，72歲）

活到老，學到老，學得越多活得越老，活得更健康更精彩，而最好的學習就是生活。人際關係磁場十分理想的今年，而這些人際關係與智慧星出現共鳴，代表和許多同學一起學習成為了2023癸卯兔年的最佳旺運策略。雖然也有機會和朋友合作創業或投資，不過由於缺乏金錢星的支持，一起學習可以，叫我投資金錢還是免了。把家庭風水布局妥當，更是另一旺運策略。

屬龍流月運勢

宜謹慎面對的月份：二月、三月、六月、九月、十二月

正月 運勢（國曆2/4～3/5）

　　本命驛馬星發動，又有事業星拱照，這是個吉利的新春之月。除了新春旅遊和拜拜祈福，也別浪費了布局事業的好時光。向職場貴人拜年是最直接、最快速的積累貴人方式。女士們的正緣星頗佳，理想的對象出現了就該積極掌握。

二月 運勢（3/5～4/5）

　　太歲之月，同時也是本命六害月，本月諸事不宜，更是忌諱嫁娶。不過大環境的事業磁場十分活絡，職場上的努力不宜停歇，然而重大抉擇與異動則稍安勿躁為宜。在屋宅「正北方」布「陰陽水」局，對於「六害」的卦象舉有莫大的助益。女士們宜謹慎面對情愛事務。

三月 運勢（4/5～5/5）

　　本命之月，大好大壞。本月不利嫁娶。「歲害」之月，大環境的氛圍不佳，沒事少出門，人多的地方不要去，可免無妄之災。不過由於龍族們的創作星與機會星氣場頗佳，對於接下來的流年事務值得檢視後再出發。家庭重要事務，稍安勿躁為宜。

四月 運勢 （5/5～6/6）

雨過天晴，太陽露臉了，龍族們開運了！天喜星和太陽一起綻放光芒，這是成家立業最好的月份。家庭運勢頗佳，入宅、移徙、修造與購屋換屋都適宜擇吉執行。不過對於投資求財而言，卻需要謹慎再三，因為這是最容易追高殺低的月份。

五月 運勢 （6/6～7/7）

好運磁場從上個月一直延續到本月，成家立業的磁場依舊濃厚，家庭重要事務仍舊適宜擇吉執行。不過也因為金錢星磁場並不理想，要提醒謹慎理財。整體大環境出現了變數，因為「歲絕」與「太歲五鬼星」作祟。女士們的愛情運勢頗佳，對的人就該牢牢抓住。

六月 運勢 （7/7～8/7）

本命三煞月，諸事不宜，尤其忌諱嫁娶，雖然擇日學不這麼認為。太陰星值月，對於女士們而言，職場事務與人際關係有必要謹慎面對，尤其是同性的互動。而「偏緣星」也影響的女士們的愛情運勢。一動不如一靜，以免每況愈下。

七月 運勢 （8/7～9/7）

　　慈祥的七月，吉利的七月，對於龍族們而言，拜三合吉星所賜，這將會是個文采飛揚、機會滿天飛的月份。七月十五日地官赦罪，轉運化災為祥。本月旺財吉星氣勢頗佳，即便是七月依舊值得努力，商務買賣與業務行銷都有機會收穫滿滿。

八月 運勢 （9/7～10/8）

　　本命六合月，卻是太歲衝剋月，同時也是月圓人團圓的季節。對於大環境而言，這是矛盾的月份，歲破讓事務容易出現功虧一簣的變化。由於本命桃花星氣勢頗盛，重要吉事先暫時放下，聚焦在廣結善緣上，龍族還是有機會月圓人團圓。八月十五日記得祭拜龍德星君。

九月 運勢 （10/8～11/7）

　　太歲三煞月，同時也是歲合月，本月吉凶很難判定，因此隨機應變與順勢而為成為了理想策略。由於本命六沖，又出現犯「五鬼星」的現象，這是個容易失去自信心的月份，因此千萬不可自我懷疑。本月不利嫁娶，更要提防劫財星作祟。

十月 運勢 （11/7～12/7）

　　立冬了，氣勢開始進入收藏期。歲合星、紅鸞吉星、龍德星、紫微星同步照拂，對於龍族而言，這是個吉利的月份。本月大利嫁娶。只不過由於歲犯「白虎」，因此一起前往捐血站捐出鮮血，種福田又

化解白虎星負能，功德無量。

十一月 運勢（12/7～1/5）

　　本命三合星職事本月，諸事皆宜。由於也是「歲祿月」，再加上本命「將星」值月，事業上的成就容易獲得肯定。女士們的情緣運雖然理想，不過婚姻大事千萬不可急於一時，多看多聽多思考為宜。男士們的情緣運勢就值得用心掌握。

十二月 運勢（1/5～2/4）

　　雖然還是出現了吉星照拂，不過由於本命三刑與寡宿，對於事務的執行而言，恐怕還是謹慎為宜。嚴格說起來，本月應該不利嫁娶，不過只要龍族相信就夠了。健康星十分不理想，除了要提防凍害外，最重要的是放鬆心情，今年事今年畢，過了本月龍族就是贏家。

幸福能量，讓「心想事成」如實呈現

打造屬於自己的國度。蛇族的2023癸卯兔年，是屬於「家」的流年，想「成家」，想「築巢」，想擁有屬於自己的幸福國度，更有機會「心想事成」。想知道爲什麼嗎？

 ## 流年運勢

生命中最大的浪費，就是浪費幸福！

幸福的定義是什麼？什麼是真正的幸福？有人說「幸福是自己想像出來的」，也有人說「幸福是和別人比較出來的」。到底幸福是什麼？什麼是幸福呢？

相信蛇族一定會很想知道，為什麼陶文老師會在文章一開始就如此不停地問「幸福是什麼」呢？到底是什麼原因？原因很簡單，那是因為2023癸卯兔年對於蛇族而言，是個充滿幸福磁場的流年。

從癸卯太歲星的五行氣數角度觀察，發覺太歲星提供了滿滿的能

亮點色系	幸運點色系	幸運數字	吉利方位
綠色、藍色	黃色、白色 紅色、紫色	0、2、6、8 及其組合	西南方、正西方

幸運點色系：流年運勢最需要補充與強化的元素與色系。
亮點色系：根據宇宙大自然或太歲星所提供較豐富的能量，充分運用會成為開運亮點的元素與色系。

量，而這些能量都和「家」有關係，因此這將會是個有機會打造自己屬意國度的一年。對於想成家的蛇族而言，只要努力這個願望容易成真。事實上築巢這件事並不困難，和是否購買屋宅沒有關係，而是和是否布局成溫馨而有個人風采文化的家，息息相關。

換個角度來說，「家」也存在於每個人內心世界裡，因此前面文章不斷出現的「家」和「幸福」的能量，其實就是命運中所稱的「心想事成」。心在哪裡，世界就在哪裡。陶文老師一直以來的強調「你的心，就是你的風水」，在在說明了「幸福」從「心」開始。在現實生活中，「心想事成」是需要練習的，否則一旦幸運之神降臨會突然不知道如何許願，於是「幸福」很可能就這樣給浪費了。

事實上也是如此，癸卯太歲五行氣數中「目標星」並不明顯，再加上流年歲煞中蛇族的「天狗星」與「驛馬星」同宮，這樣的流年不但要提防「血光車厄」，同時也容易「多勞少成」，以及招惹小人。因此放大「幸福」能量，讓「心想事成」如實呈現，最為理想的策略還是在於縝密規劃2023癸卯兔年的目標與執行計畫。讓「太歲驛馬星」和「天乙貴人星」有機會成為蛇族流年「心想事成」的原動力。

🛠️ 事業運勢

官祿驛馬星主事，蛇族的2023癸卯兔年是陽光普照的，貴人明顯，事業也容易如意順遂。這是蛇族們的癸卯年運勢亮點，然而也因為是屬於富庶的亮點，如果運勢幸運點沒有獲得提升，那麼亮點成為了裝飾品，幸運就給浪費掉了。

蛇族的事業幸運點就是設妥目標，並且規劃落實的流程，如此一來蛇族的事業氣勢將會進入另一種順暢的意境。值得提醒的是，務必

給自己設定一個可以檢視的數據，企業家們的業務量與盈收，公司的規模或據點的擴充；一般薪水族則是SWOT的自我分析。實現理想數據的好策略，就從安排自我學習與員工培訓開始。換個角度來說，2023癸卯兔年是蛇族們變換跑道的理想年。

 財利運勢

只在此山中，雲深不知處。祿馬財神照拂的2023癸卯兔年，蛇族的財利運勢將會是大發利市，財源滾滾。可惜的是，蛇族並不知道自己就是「太歲星」的「財祿吉星」，同時也是老天爺賜予好運勢的一年。這種不自覺，有一個好處就是只要努力，財利就容易自動流進口袋；而另一種說法，那就是擁有賺取更多財富的機會，卻也容易因為順遂如意而因小失大。學習是最好的策略，學習如何開拓更多的財富，學習如何理財，學習如何有能力當個稱職的「太歲財祿星」。

蛇族的財運分布在季節轉換的月份，那就是三、六、九、十二月，整體來說春天布局，夏天謹慎理財，秋天收成，冬天尋找下一個布局的標的。投資標的則以航運、生技、車用2.0、蘋果、ETF等概念股為佳。

情緣運勢

桃花星十分微妙，命帶桃花的人特別有人緣，貴人也格外明顯。然而桃花的種類很多，官祿桃花仕途順遂，財星桃花財利豐沛，人際桃花人緣佳貴人明顯，印星桃花家庭運勢佳，有長輩緣，給人安全感。正緣星桃花情願美滿，偏緣星桃花為情為愛辛勞。

對於女蛇族而言，2023癸卯兔年就是典型的「偏緣星桃花年」，因此有必要謹慎面對情愛事務。不過對於已有伴侶的女蛇族來說，另一半的事業運勢頗佳，為加官晉爵之年。對於男士來說，雖然同樣需要謹慎面對情愛事務，不過比較傾向於另一半的健康問題。不論男女，想要求得好姻緣，需要將居家風水布局好，在居家的正南方插一束百合花，既可招桃花，又可旺財富，亦可隨身攜帶黃金虎眼一葉致富石。

開運風水

「幸福星」照拂是「太歲星」的賦予，「心想事成」則是「太歲驛馬星」的伴手禮。蛇族需要做的是，如何將這些「賦予」與「伴手禮」的能量淋漓盡致地發揮。實際運作上的「規劃」十分重要，住宅與辦公室風水的到位布局，也有機會引動這些能量以正向的方式呈現。

開運策略，首先是祭拜「太歲星」，感謝祂賜予的「禮物」，然後隨身配戴「黃金虎眼一葉致富石」與「黃金如意」。在方位布局上，由於引動「太歲星禮物」的元素出現在「西南方」與「正西方」，至於如何布局請參考〈奇門風水〉。

蛇族的本命方位在東南方，五行屬火，木和火是生助五行，綠色和紅紫色則是生助色系。

流年運勢亮點顏色與方位：綠色、藍色。東方、東南方、北方。
流年運勢幸運點顏色與方位：黃色、白色、紅色、紫色。
西南方、正西方。
流年貴人生肖：雞、猴、狗、牛。

屬蛇各年次流年運勢

2001年的蛇（民國90年，辛巳年，23歲）

「文昌太歲星」生旺「太歲偏財祿星」，對於蛇族而言，這是個智慧生財的流年，而最貼切的寫照就是創意無限、商機無限。學以致用是今年最讓蛇族感到自傲的部份，而持續學習成為了開啟未來大財富的良好習慣。事業上不容易靜下來，就別讓自己靜下來，更換跑道的好時機。男士們情緣運勢頗佳，正緣星明顯，不排斥早婚的話，今年是吉祥圓滿年。女士們愛情運頗佳。

1989年的蛇（民國78年，己巳年，35歲）

偏財運勢十分理想的今年，再加上「異路功名」現象明顯，這一年有機會開啟「無心插柳柳成蔭」的好運勢。愛情就是其中的一部分，而指的是男蛇族，正緣星氣勢明顯而美好。女蛇族恐怕就不是如此了，雖然同樣容易得到呵護，只可惜「偏緣星」氣息太強，婚姻這檔事還是稍安勿躁為宜。最值得一提的是，讓流年運勢更旺更順的策略就是學習，一把刷子已經不夠用了。

1977年的蛇（民國66年，丁巳年，47歲）

換個角度看世界，將會發現不一樣的風景，生活別有一番風味。

事業上也是如此，幹了大半輩子的工作，蛇族是否厭倦了？從「癸卯太歲星」釋放出一種「不小心就成功了」的訊息，蛇族值得進行事業的轉型，實體賣不動了，就到線上買，買家更多、更遠，無遠弗屆。將近半百，突然多了醒悟，那就是生活應該可以換個方式體驗，就從事業的轉型開始。女士們宜謹慎面對情愛世界的變化。

1965年的蛇 (民國54年，乙巳年，59歲)

　　幸福感最強的生肖就是1965年的蛇族，「祿神」、「福星」和「機會星」一次到位的流年，也只有這個年次的生肖獨自擁有。有沒有想過，在「一甲子」來臨的前一年，為自己的人生做些什麼樣的改變。進可攻，退可守，是什麼樣的意境，唯有蛇族最明白。家庭運勢頗佳，因此成家立業，購屋換屋，布置甜蜜幸福的國度，甚至於轉變事業型態，都是這一年中有機會進行的事務。

1953年的蛇 (民國42年，癸巳年，71歲)

　　朋友還是老的好！如果蛇族們對於這句話有感覺，那麼在這一年中聯繫一下，在蛇族內心世界會馬上想起的那一位老朋友，蛇族們會發覺讓生活更精彩的不會只是當下，美好的回憶與青春的感覺將會幸福一整個兔年。

　　喜歡廣結緣緣交朋友的人肯定是樂觀的，和對的人一起學習，一起歡度喜悅，也才是將癸卯兔年「文昌祿星」的恬適充分發揮。直白地說，對於蛇族而言，這是個盡情享受幸福的流年。

屬蛇流月運勢

宜謹慎面對的月份：一月、三月、四月、十月、十二月

正月 運勢（國曆2/4～3/5）

　　一年之計在於春。事業官貴吉星照拂，再加上福德星、天德吉星和福星併臨，即便出現了「六害星」作祟，也同樣適宜為幸福的癸卯兔年做好完整的事業規劃。新春期間最為理想的開運策略，就是前往廟宇拜拜安太歲，還有勤快地拜年。

二月 運勢（3/5～4/5）

　　太歲之月，大好大壞的能量超強。不過對於蛇族來說，依舊充滿著「幸福」的能量，家庭運勢也理想，再加上「無心插柳柳成蔭」的磁場頗盛，於事務的執行上值得運用多元的策略。女士們宜留意情緣運勢變數，別讓「偏緣星」影響了心情和運勢。

三月 運勢（4/5～5/5）

　　本命三煞之月，諸事不宜。不過奇怪的是，婚姻擇日學還是記載「大利嫁娶」，既然是「三煞月」，諸事不宜需要成為本月座右銘。不過家庭運勢依舊理想，趁著「清明」祭祖的家庭聚會多吸收吉利能量。「歲害星」和本命「病符星」交織，重大抉擇也同樣避之為宜。

四月 運勢（5/5～6/6）

本命月，命理學術稱之為「伏吟」，是一種「芒刺在背」的形容。本月不利嫁娶，重要事務也最好稍安勿躁為宜。不過由於家庭運勢磁場依舊理想，因此搬家、入宅與修造或購屋，都是宜擇吉執行。家人的正向互動，也將會是蛇族好運磁場的來源。

五月 運勢（6/6～7/7）

太陽星高掛的本月，按理說應該是諸事皆宜，但擇日學還是說「不利嫁娶」。不過對於其他事務而言，這是個值得順勢而為的時段。「歲德吉星」和「桃花星」相輝映，本月大利積極廣結善緣，積累貴人籌碼。事業的出發與開張事宜，皆可依照計畫行事。

六月 運勢（7/7～8/7）

太歲三合月，也是蛇族的機會月，這個月蛇族的努力和才華容易獲得預期中的肯定。月犯「喪門」，探病弔唁審慎為之，勢在必行請攜帶一包粗海鹽(紅包袋裝)。家庭運勢頗佳，遷徙、入宅、修造、購屋皆可擇吉執行。劫財星暗藏，宜謹慎理財。

七月 運勢（8/7～9/7）

孝親月。是的，七月是個慈悲的月份。雖然傳統上的提醒耳提面命，不過對於蛇族而言，這是個吉利的月份，因為是本命六合月，再加上，合住的是蛇族們的「財祿星」，因此這是個財運理想之月。然而對於男士而言，宜謹慎面對情緣事務的運作。

八月 運勢（9/7～10/8）

八月在傳統上是吉利而圓滿的月份。不過對於今年而言，由於正職「歲破」而出現了許多的警言。對於蛇族來說，卻未必如此，因為除了「將星」外，還有「三合吉星」照拂。因此大環境不好，蛇族卻有名利雙收的吉象。佳節的問候，有助貴人的積累。

九月 運勢（10/8～11/7）

紅鸞星值月，女士們正緣星氣勢佳，宜化被動為主動。事實上，蛇族的人緣磁場是活絡的，因此本月大利努力執行廣結善緣策略。值得一提的是，由於「歲合」和「歲煞」同步，大環境的變數需要提防。「小耗星」提醒蛇族宜提防「暗劫財」。

十月 運勢（11/7～12/7）

本命六沖月，自然是不理想的時段，諸事不宜。由於「驛馬星」主事，本月一動不如一靜，另外也需要提防「車關」之厄。這不會是

理想的抉擇時段，尤其是女士們的情緣事務。不過「歲合星」照拂，事業上卻有機會出現轉捩型的變化。

十一月 運勢（12/7～1/5）

事業官貴吉星氣勢明顯，又有「歲祿星」的加持，按理說這應該是個穩定成長就好的月份。不過從諸多吉星照拂，又有貴人的身影，本月大利轉換跑道，就算不想更換，也不妨投一下履歷，為自己的身價做一個自信的調查。本月不利嫁娶。

十二月 運勢（1/5～2/4）

本命三合月，即便歲末整體氣勢並不理想，不過對於蛇族而言，卻是收斂一整年風塵，規劃未來一年願景的時候。值得提醒的是，健康星氣勢不佳，因此宜提防季節變化。白虎星主事，捲起袖子，捐出鮮血，一紅化九災。本月適宜嫁娶，讓新年不寂寞。

否極泰來，擁有一整年的轉機與蛻變

是晴天，是雨天，由你自己決定。12年一次的小機會，60年一回的大轉機。馬族可以做自己的主人，自己故事的導演，自己決定如何取鏡，如何「移步換景」。

🕐 流年運勢

「生命遇到的每件事，都有它的意義。」流通教父徐重仁先生這麼說。

是的，人生中的每一個經歷，每一個際遇，都有它的意義，而任何事情的發生也都是我們自己讓它發生的。有人說「人生其實沒有彎路」，不過就算有「彎路」，而你也走上了「彎路」或「捷徑」，那也是自己讓它發生的。事實上，每一個路徑都有它獨特的風景，而最後到達的地方和結果也會截然不同。

就傳統的命理角度解讀馬族的癸卯兔年運勢，是不協調的、灰暗

亮點色系	幸運點色系	幸運數字	吉利方位
芥末綠 枸杞紅、藍莓藍	香蕉黃 辣椒紅、白玉白	2、6、7、9 及其組合	正南方 西南方和西北方

幸運點色系：流年運勢最需要補充與強化的元素與色系。
亮點色系：根據宇宙大自然或太歲星所提供較豐富的能量，充分運用會成為開運亮點的元素與色系。

的。因為出現了歲犯「五鬼星」、「歲絕」和「歲刑」，這是一種小人危害，貴人卻步，極度不協調的流年，相信看完了之後，馬族們恐怕很難找到2023年的陽光。

真的如此不堪嗎？

事實上對於馬族而言，2023癸卯兔年是個很特殊的一年，有一種重新塑造，重新出發的感覺，以及新生命開始的感動。換個角度來說，那是一種當家作主的FU，馬族成為了自己的主人，正積極借助「太歲星」的能量，打造屬於自己的故事，一個嶄新開始的動人故事。馬族去年（2022年）擔任的歲星角色是「將星」，而今年（2023年）則是「歲絕」，從極豐盛到極簡單，就好像戲劇中的「換景」，而且是「移步換景」。此種景況雖然未必屬於「絕處逢生」，但肯定是「否極泰來」。

企業或專業高階馬族，先行放下過去「將星」式的輝煌，接受「太歲星」以放任的方式任由馬族自行運作一整年的轉機與蛻變。如此這般，獲得「太歲星」支持的重新撰寫人生劇本的機會並不多見，12年才有一次小機會，而像癸卯兔年的強大轉變，則是60年一回，十分值得珍惜。

馬族要感謝「太歲星」給予自由重組人生系統的機會，就從調整生活型態進入真正的「移步換景」。掌握新的學習、新的人脈、新的出發，感激癸卯太歲欣欣向榮的恩賜。

事業運勢

官印相生，代表「官貴氣」與「權勢星」十分明顯，對於事業運勢而言是吉利的。只不過，由於正逢「歲絕星」作祟，需要適當地策

略才有機會讓「官印相生」成為真正的助力，而不是裝飾。

引動「官印相生」能量的關鍵元素是人脈，因此除了積極廣結善緣，還需要勤於參加群體學習的機會，建立合作關係。異業結盟是企業馬族們的理想趨吉避凶，讓公司有機會朝向多元性的方式發展。

一般馬族，則宜建立密切的事業夥伴關係，就從抱持學習的思維，誠懇的方式建立人脈資源。因為可以讓馬族癸卯兔年的整體運勢順轉的重要元素就是「人」，人對了，一切都對了。

財利運勢

謹慎理財，這是癸卯兔年對於馬族的溫馨提醒。對於投資求財而言，這一年最需要規避的就是「追高殺低」，因為相對保守的氣息充斥在流年太歲五行氣數中。雖然如此，這是馬族對於「家」最好的付出年，例如購屋置產、翻新布局、添加幸福的傢俱，此種付出都是一幸福的投資。對於親友的借貸，務必量力而為。

整體而言，這是個宜就線論線的投資型態年。財利運勢以秋天為旺，屬於收成的季節；三、六、九、十二月逢低買進，春天保守以對，夏季靈活運作營造短線財利。理想標的：生活通路、電信、網通、指數成份型等概念股為佳。

情緣運勢

太歲桃花星的職務，讓馬族的人緣磁場變得十分活絡，再加上家庭能量十分明顯，單身適婚馬族們容易興起一種想定下來的念頭。這是個理想的「成家年」，不過比起「成家」，馬族還是將生活焦點擺

放在事業上為佳。

　　對於女性馬族來說，由於「偏緣星」氣勢鮮明，因此今年出現的愛情還是需要多給一些時間。男士們就幸福多了，不過心急還是喝不了熱粥，把草原養好就不怕沒有馬兒來吃草，先將幸福的窩布局好再說。對於已婚或已有伴侶的男士們，則需要提醒留意另一半的健康，請在住宅的正東方擺放「帝王水」，以便化解病符星的厄勢力。

開運風水

　　從命理學術角度來說，這是個「官印相生」的流年，代表的是事業順遂，家庭幸福。只可惜在流年五行氣數上卻缺了一塊必須自己補強，那就是人際關係與貴人，於是如何廣結善緣成為了今年的生活開運風水的一環。

　　對於馬族而言，這個貴人星在「正南方」，因此在居家和辦公室的「正南方」，需要點一盞「長明燈」，材質可用鹽燈、文昌塔燈、崁燈或檯燈。隨身攜帶具有「三合」能量的「黃金虎眼一葉致富石」，或是黃金造型的如意。

　　馬族本命方位在正南方，本命五行屬火，木火是生助元素，綠色與紅色是本命吉利色系。

流年運勢亮點顏色與方位：芥末綠、枸杞紅、藍莓藍。正北方、正東方和正南方。
流年運勢幸運點顏色與方位：香蕉黃、辣椒紅、白玉白。正南方、西南方和西北方。
流年貴人生肖：馬、蛇、虎、狗、羊。

屬馬各年次流年運勢

2002年的馬（民國91年，壬午年，22歲）

會做人比會做事重要多了。人際關係十分珍貴，成功靠得是合作和同心協力，而非武藝超強，體力過人。對於馬族而言，這一年的人際關係磁場需要耐心耕耘，最好的策略就是一同學習，以及組建共同愛好的人脈群。事實上，雖然桃花星氣勢頗盛，不過情緣事務還是謹慎為宜，避免誤踩有主地雷。

1990年的馬（民國79年，庚午年，34歲）

「你想要擺脫現狀，還是接受當下？」這是吳硯文先生多年前文章中的一句話，他認為「理想與現實，不應該是二分法！」而這正是1990年次馬族於2023癸卯兔年的整體運勢，所需要面對和掙扎的課題。

流年太歲提供了機會，這個時候建議先掌握住機會，再來逐步和自己的理想相結合，許多的事情是可以逐步完善的。適宜安排特定目的的學習。男士們紅鸞星動，良緣出現了就該珍惜。

1978年的馬（民國67年，戊午年，46歲）

歲德吉星的職務是尊榮的，對於一向不善理財的馬族來說，2023癸卯兔年將會是個財富臨門的流年。事業轉型的機會頗盛，而轉投資也有機會創造理想中的營收獲利。整體來說，這是個名利雙收的流

年。然而先決條件是，放開無限可能的思維，讓危機可以真正成為轉機。男士們的情緣運勢雖然理想，不過要關心另一半的健康。女士們適宜將生活焦點擺放在自我成長的領域，誰說「女子無才便是德」？

1966年的馬（民國55年，丙午年，58歲）

資歷豐富的馬族，在「官印相生」氣場活絡的癸卯兔年，在職場上是如魚得水的。加官晉爵是這一年運勢的故事主題，只不過還需要積極的執行力。也就是說，只要馬族完成了流年設定的目標，公職加官，高階主管進爵，企業老闆獲得了新境界的成就。男士們宜關心另一半的健康，女士們謹慎面對呵護備至的愛情。家庭運勢頗佳，遷徙、修造、購屋置產都是理想的好時機。

1954年的馬（民國43年，甲午年，70歲）

獨立思考是很重要的習慣，尤其是在人云亦云、能量超強的癸卯兔年，極容易因為耳根子軟和別人的觀點影響了自己的計畫。進入「從心所欲不踰矩」的年紀，要顧的不只是友誼，還有自己的健康，雖然疫情舒緩了，還是需要降低應酬的機率，外出口罩戴好戴滿，並且勤洗手。家庭運勢雖然理想，不過如果可以將整體生活變得更簡單，幸福的能量會更加強大。

屬馬流月運勢

宜謹慎面對的月份：四月、五月、九月、十月、十一月和十二月

正月 運勢（國曆2/4～3/5）

本命三合月，又是新春之月，諸事皆宜。由於月犯「白虎」，宜前往廟宇拜拜安太歲，制化白虎星。新春期間也可以安排捐血，一紅化九災。家庭運勢十分理想，過年的氣息愈濃厚運勢愈旺。長輩、長官緣頗佳，向長官和長輩貴人傳訊息祝賀新年好運連連。

二月 運勢（3/5～4/5）

太歲之月，按理說應該是大好大壞，不過由於馬族的祝福之星值月，這是個吉祥的月份。不過需要提醒的是，投資理財方面的訊息，由於財星遭到衝剋，投資宜謹慎，避免追高殺低。男士們宜關心另一半的健康。家庭運勢依舊理想，中宮請點一盞長明燈。

三月 運勢（4/5～5/5）

歲害星主事的本月，諸事不宜。謹慎理財，只因為劫財星氣是高高掛起，不過對於合作事務而言，卻是屬於難得的機會，就從仔細聆聽夥伴的報負與企圖心，這其中的理想極有可能就是馬族們未來事業榮景的架構。男士們不對的情緣對象，少碰為妙。

四月 運勢 （5/5～6/6）

上個月的謹慎理財，本月肯定會感恩自己的睿智。本月不利嫁娶。這是劫財星氣超旺的月份，上個月開始洽談的合作案件，在這個月肯定可以產出大架構。不過情感事務就要辛苦了，建議把生活焦點擺放在事業上，兒女私情以後再說。

五月 運勢 （6/6～7/7）

本命月大好大壞，由於同時也是「歲絕」之月，謹慎行事是自然的反應。然而本月的亮點就在於人際關係，因此善用廣結善緣策略，積累同質的貴人朋友。本月不利嫁娶。事業上的轉型或更換跑道，以及攸關日後運勢旺衰的重要抉擇，稍安勿躁為宜。

六月 運勢 （7/7～8/7）

歲合星與本命六合吉星照拂的本月，諸事皆宜。太陽高掛，馬族的才華與努力容易被看見，因此也就是此種受肯定的態勢，讓馬族有機會開啟接下來的金水好運勢時段。文昌星氣勢明顯，偏財運勢也理想，商務買賣與業務行銷值得努力。

七月 運勢（8/7～9/7）

傳統七月，也是詭異的七月，一直以來都被認為諸事不宜。其實不然，進入金水氣盛的季節，對於癸卯太歲星而言，這是久旱逢甘霖的寫照。對於馬族而言，本月財利運勢十分理想，投資求財有利可圖。地官赦罪的中元節，記得一定要拜拜轉大運。

八月 運勢（9/7～10/8）

雖然是月圓人團圓的月份，不過歲破星卻破壞了美麗節日的圓滿。然而對於馬族而言，卻是財運理想的月份，事業上貴人也可望獲得營造，就從祝賀佳節開始。男士們正緣星氣勢超讚，人對了就該積極行動。八月十五日記得祭拜龍德星君。

九月 運勢（10/8～11/7）

這是個詭異的月份，因為本命「五鬼星」作祟，再加上「歲煞星」攪局，這個諸事不宜。不過幸運的是，馬族「才華星」受到了「三合星」的鼓舞，對於事業的發展具有莫大的助益。女士們的情緣運勢頗佳，同時也容易成為另一半的貴人。

十月 運勢（11/7～12/7）

立冬了！進入了冬天，水氣開始茁壯起來，對於馬族而言，代表的是事業氣勢隨之水漲船高。這個時候馬族會發現，從年初開始配戴

的黃金虎眼石發揮最大功效，六合事業、官貴和財氣，想不旺都難。男性長輩、長官或生肖老虎的人都是馬族的貴人。

十一月 運勢（12/7～1/5）

歲祿星值月，按理說應該是吉利非常。不過對於馬族來說，因為本命六沖，因此還是謹慎行事為宜。這是個不利出發的月份，本月不利嫁娶，事業上的重要抉擇也避之為宜。東北方擺放用玻璃罐裝的粗海鹽，黃金虎眼石隨身攜帶，可化煞為權。

十二月 運勢（1/5～2/4）

本命三煞月，再加上又有「六害星」的干擾，本月諸事不宜。雖然擇日學說「大利嫁娶」，但還是避之為宜。歲末年終，靜下心檢視這一年的得失，調整步伐準備迎接龍年。另外，整理一下這一年中該感謝的貴人名單，讓「天解星」幫忙提高彼此的正向黏著度。

揚眉吐氣，從打開五感體驗開始

走一樣的路，到達不了新標的，改變是為了得到更精彩的自己，因為這是個「羊」眉吐氣年。恭喜羊族開運了！想知道如何讓生命更精彩，請耐心看下去。

 ## 流年運勢

揚眉吐氣，對於羊族們的2023癸卯兔年是最為貼切的註解。

經過了2020庚子鼠年的歲害、2021辛丑牛年的歲破、2022壬寅虎年的歲煞，2023癸卯兔年終於要揚眉吐氣了。「歲合星」是羊族在癸卯兔年的歲星職務，代表受到了太歲星的祝福，整體運勢是理想的。而「華蓋星」也凸顯了羊族的才華容易受到矚目與肯定的現象，這是個值得努力耕耘的一年，因為辛苦有成，再加上「偏財星」如雨後春筍冒出新芽，這是個財運亨通，財利豐碩的象徵。還有「官祿

亮點色系	幸運點色系	幸運數字	吉利方位
土黃色 藍色、綠色	白色、乳白色 金黃色、紫色	2、6、7、9 及其組合	正西方、西北方 正南方、西南方

幸運點色系：流年運勢最需要補充與強化的元素與色系。
亮點色系：根據宇宙大自然或太歲星所提供較豐富的能量，充分運用會成為開運亮點的元素與色系。

星」加上「將星」頂著歲星的光環照拂，事業上的成就可以預期，只不過此種成就應該會以「不按牌理出牌」的方式呈現，雖然未必是誤打誤撞，但肯定是「無心插柳柳成蔭」，出現計畫之外的成就。

如此看來，2023癸卯兔年對於羊族來說，應該是個精彩萬分的一年。其實不然，由於太歲星的五行秩序並不理想，努力的確比起往年容易獲得成就，不過內心事業的精彩卻還是沒有得到釋放。因此如果羊族想要順太歲星的勢營造難得的精彩，就要開啟自己的「五感」。首先不要用同樣的思維面對事務，就好像不要每天走同樣的路線上班一樣，就從多樣學習開始。其次，不要每天吃一樣的食物，開啟美食目錄讓自己精彩的人生從味覺的享受開始。以及不要維持長久以來的裝扮，嘗試聽聽專家的建議改變一下造型，讓精彩的生命用不一樣的型態再出發。還有，表達的方式也不妨加以改變，學會選擇性聆聽，同時也學會微笑回應。最重要的是，積極接觸不一樣的生活型態，運動、跳舞、旅行、讀書會、唱歌、畫畫、社團……接觸不一樣的學習，到不曾造訪的地方，參加各種型態的活動。活出更精彩的自己，營造更幸運的生命。

⚙ 事業運勢

將星值年，對於事業運勢而言，是一種「一夫當關，萬夫莫敵」的寫照。再加上，又有「催旺之星」的加持，這是個值得為事業再加幾把勁的一年，如此這般的流年不會只是「辛苦有成」而已。由於羊族們本身就是太歲的「才華星」，因此努力的成果與才華容易獲得預期中的肯定。只不過，由於羊族「智慧星」與「機會星」氣勢不足，而方向感也十分微弱，因此有必要安排斜槓或更上層的學習。企業羊

族也有必要對於公司的文化與願景重新整理，如此一來「進可攻，退可守」的境界才有機會獲得營造。一般上班族羊族也是如此，不需排斥任何可以讓自己向上提升的機會，也不要拒絕進入斜槓人生的大門。

 財利運勢

偏財星氣勢活絡的癸卯兔年，賺錢的機會也是活絡的。只不過由於具有旺財特質的「財源吉星」氣勢並不理想，因此羊族除了傳統的努力，還要尋找學習的機會，而這也是所謂的「開發財源」。企業羊族則是開發市場或是新產品，而一般羊族則是啟動新技能，最重要的是努力不懈，否則即便太歲星提供再多的財富能量，也極容易成為「財多身弱」的「富屋貧人」。

整體而言，財運以冬天最旺，秋天布局開發財源，春天先收成一波，夏天宜謹慎理財。投資標的宜以生技醫療、資訊服務、觀光、交通、電子通訊、電動車、穿戴裝置等概念股為佳。值得一提的是，癸卯兔年也會是羊族的購屋置產年。

 情緣運勢

太歲三合年，對於整體運勢而言，這是幸運年的寫照。不過對於情緣運勢來說，恐怕就需要多加解釋了。羊族是癸卯兔年太歲星的「才華星」，對於女羊族而言，最容易因為專注投入事業，而把情緣給荒了。其實對於充滿事業轉型機會的流年來說，這個時候不多給事業一些時間和精力，更待何時。再說「才華星」的另一個身份叫做

「華蓋星」，是顆喜歡獨處自我成就的星曜，再加上女士們的「偏緣星」氣息濃厚，單身適婚的妳專心事業就好。男士們的「正緣星」氣勢明顯，因此除了職場，情場事務還是需要多費心思。不論男女，已婚未婚，都有必要為自己布置個幸福的窩，因為那是整體好運勢的泉源。

開運風水

　　活出自己，讓生活更精彩，這是羊族在2023癸卯兔年的流年任務。「華蓋星」雖然是「才華星」，但同時也是「自我感覺良好」的星曜，因此必須走出習慣的領域，才不至於陷入「孤芳自賞」的窘況。而化解「獨善其身」的五行屬金，位於「正西方」，有必要將住家和辦公室的正西方做好布局，白色的大象、花瓶、水晶、賞心悅目的瓷器，都會是理想啟動「五感」的風水布局。另外隨身攜帶特製「如意」，讓生活與生命可以更如意順遂，材質以黃金或金屬為佳。

　　羊族本命五行屬土，火與土是生助的元素，方位在正南方、西南方，顏色以紅色與黃色為佳。

流年運勢亮點顏色與方位：土黃色、藍色、綠色。正東方、
**　　　　　　　　　　　　　　　正北方、東南方。**
流年運勢幸運點顏色與方位：白色、乳白色、金黃色、紫色。
**　　　　　　　　　　　　　　　正西方、西北方、正南方、西南方。**
流年貴人生肖：馬、猴、豬、兔、虎。

屬羊各年次流年運勢

2003年的羊（民國92年，癸未年，21歲）

人脈雖然不一定是錢脈，不過人脈肯定是好運勢的命脈。2023癸卯兔年對於年輕羊族而言，需要體會的訊息是「會做人比會做事重要多了」。這一年合作的機會很多，不過先別忙著投入金錢，建議先組建可以互助與互換資源的鏈結團隊，相互支援學習，有機會往成功大躍進。值得提醒的是，不見兔子不撒鷹，金錢的部份要妥善管理，因為這是個典型的劫財年。

1991年的羊（民國80年，辛未年，33歲）

賺錢的機會出現了，就不該猶豫。智慧生財的氣息十分活絡，即便是剛開始的起心動念也值得珍惜，積極學習，唯有想發財，才會真正發財。男士們的情緣運勢十分理想，單身適婚宜積極參與聚會，已有伴侶的男士要珍惜另一半，因為她是你的財神爺。女士們的情緣桃花盛開，是幸福就該掌握。家庭運勢值得經營，布局個幸福的家，從西南方開始著手，陰陽水加上白水晶或黃金虎眼石。

1979年的羊（民國68年，己未年，45歲）

先有雞，還是先有蛋，不需要爭議，因為雞蛋就是雞生下的蛋。就像有人說「先有名，再有利」，還是「先富再貴」，不論哪一種對於羊族的2023癸卯兔年來說都是吉利的現象，因為只要願意努力這就是名利雙收年。不過羊族還是需要安排學習的機會，因為時代在變，而後疫情時代的變化更大。男士們的情緣運勢頗佳，珍惜另一半就是

珍惜自己的好運勢。女士們宜謹慎面對情緣事務。

1967年的羊（民國56年，丁未年，57歲）

山不轉路轉，路不轉人轉。主動選擇改變，主導權在於自己，避開被迫改變的無奈，最好的策略就是主動出擊。企業羊族事業經營的型態需要調整與改變，一般羊族也需要給自己成長的空間，就從專業的學習開始。女士們宜謹慎面對情緣事務，時間是最好的檢測器。男士們宜留意另一半的健康，安排健康檢查是理想趨吉避凶。謹慎理財，投資求財宜遵守紀律。

1955年的羊（民國44年，乙未年，69歲）

喜樂平安，揚眉吐氣。這個年次的羊族是幸福的，是好運連連的，因為「身祿」就是「歲星」，而「太歲星」就是「福氣星」，再加上「歲合星」與「華蓋星」共振，這將會是個備受呵護的流年，應該說是生肖中最為幸運的。生活的精彩值得期待，更值得自己創造，隨心所欲是一種享受。健康星氣勢頗佳，為自己安排個周全的健康檢查，讓健康也成為享受的一部分。

1943年的羊（民國32年，癸未年，81歲）

根據最新醫學研究報告指出，影響老年健康的關鍵在於生活的方式與其他心理因素。醫學研究進一步表示，就像預防疾病一樣，「老」是可以「預防」的，並且還可以成為可以成功經營的事情。癸卯兔年與年長羊族的磁場互動在於「人」，而這正巧是新醫學研究的部份，那就是「不離開社會，並持續貢獻社會」，以及「保持良好的人際關係互動」，並且「成為生活的一部分」。此種說法與癸卯兔年所提供的長壽磁場，完全不謀而合。

屬羊流月運勢

宜謹慎面對的月份：三月、六月、八月、九月、十一月、十二月

正月 運勢（國曆2/4～3/5）

新春之月，雖然喜樂非常，同時也出現「龍德吉星」與「紫微星」併臨，但這個月值得為一整年的事業執行規劃，就是不適宜婚姻嫁娶。「官貴星」明顯，羊族宜積極向職場朋友、長官、客戶拜年。女士們的情緣運勢頗佳。本月不宜執行重要的簽約事務。

二月 運勢（3/5～4/5）

將星之月，又有太歲星照拂，對於羊族而言，上個月的職場人脈經營，在這個月容易開花結果。由於月犯「白虎」，羊族宜為自己安排健康檢查，或是挽起袖子捐出鮮血，因為一紅可以化九災。太歲之月，大好大壞，凡事按部就班，只有大好，沒有大壞。

三月 運勢（4/5～5/5）

太歲六害月，同時也是羊族的形煞月。本月諸事不宜，為的是避免功虧一簣，對於勢在必行的事務，最好依照計畫行事。家庭重要事務更是如此，雖然福星高照，還有天德吉星祝福，入宅、移徙與修造之舉，還是稍安勿躁為宜。

四月 運勢（5/5～6/6）

　　驛馬星主事，再加上歲星貴人照拂，這是個吉利的月份，對於事務的執行宜速戰速決。有意轉換跑道的羊族，這是個適宜對外釋放訊息的時候。值得提醒的是，不宜探病與弔唁，勢在必行請攜帶一包粗海鹽。家庭運勢頗佳，重要事務與購屋換屋事務可順勢而為。

五月 運勢（6/6～7/7）

　　本命六合月，諸事皆宜。家庭運勢依舊理想，成家的大好月份，入宅、移徙、修造與購屋都值得積極進行。再不然就是為家人布局旺運好風水，端午節就是最好的轉運大節日。然而職場事務依舊需要低調，以免招惹太歲五鬼小人星干擾。

六月 運勢（7/7～8/7）

　　本命之月，大好大壞。不過由於是太歲三合月，又有「華蓋星」照拂，事業上的努力容易獲得預期中的肯定。本月不利嫁娶。謹慎理財，只因為劫財星虎視眈眈，投資求財也需要以靜制動。健康星氣勢不佳，不宜過勞，記得補充水分。

七月 運勢 （8/7～9/7）

本月不利嫁娶，並不是因為傳統七月，而是月犯「孤辰星」。不過對於投資求財與商務買賣而言，這是個十分有利的月份，因為財源吉星照拂有利可圖，業務行銷也值得努力。七月十五日地官赦罪，拜拜消災解厄。男士們宜謹慎面對情愛事務。

八月 運勢 （9/7～10/8）

中秋節是圓滿的節慶，月圓人團圓。不過由於正逢「歲破」，期盼這個月多更多平安的氣息。本月諸事不宜，只宜歡慶中秋與十五日晚上的祭拜。本命「五鬼星」值月，謹言慎行，即便是忠言，也要提防逆耳的負能。雖然如此，祝賀佳節的開運策略，還是要積極執行。

九月 運勢 （10/8～11/7）

本命三煞與歲煞同時出現的本月，謹慎行事，尤其忌諱嫁娶，雖然擇日學並沒有記載。本月宜謹慎理財，大筆金額的支出，能緩則緩。不過幸運的是，由於「歲合星」照拂，對於職場上的事務，還是值得順勢執行。家庭運勢頗優，重要事務也可擇吉執行。

十月 運勢 （11/7～12/7）

冬天來臨了，水氣提升了，再加上本命三合星與歲合星同時照拂，這是個吉利的月份。女士們的情緣運勢頗佳，對的男人就該化被

動為主動，已婚的妳則是另一半的大貴人。男士們就要謹慎以對了。財利運勢亦佳，投資求財有利可圖，宜積極納財換手。

十一月 運勢（12/7～1/5）

冬至吃湯圓，為的是補運。雖然是「歲祿星」職事之月，不過由於月犯「六害」，重要事務的執行務必按部就班，步步為營，檢視再檢視以免功虧一簣。雖然如此，對於情緣運勢而言，卻是理想之月，不論男女都值得準備營造幸福過好年。

十二月 運勢（1/5～2/4）

本命六沖月，諸事不宜，更是大忌嫁娶。歲末年終，重要事務以逐步收斂為主，出發與轉變的決策，還是等到開春再說。健康磁場十分不理想，除了留意氣候的變化，疫情的自我保護也不宜掉以輕心。謹慎理財，大筆開銷需要再三檢視。

掌握機會，啟動幸福流年

創造大財富的機會出現了，整理後再出發的機會也出現了。太歲星賦予了夢想成真的動能，同時擁有「機會星」、「財富星」與「官貴星」併臨的流年，猴子們轉運了。

 ## 流年運勢

卸下「歲破」的流年負能，猴子們開運了！

揮別變數很多，經驗智慧領域卻很豐盛的壬寅虎年，猴子們要迎接的是擁有落實理想強大能量的癸卯兔年。這一年的「機會星」結合了「開創星」的正能量，再加上「財富星」也結合了「官貴事業星」的氣勢，所造就出來的成就肯定不只是「名利雙收」而已。對於經過了老虎年「歲破」洗禮之後的猴子，已然擁有了身經百戰的經歷，在2022老虎年的「驛馬太歲」衝剋下仍舊可以屹立不搖，2023癸卯兔年的轉型肯定會以脫胎換骨式的方式呈現。

亮點色系	幸運點色系	幸運數字	吉利方位
藍色、綠色	黃色 白色、大地色	0、2、6、7 及其組合	西南方 東北方、東南方

幸運點色系：流年運勢最需要補充與強化的元素與色系。
亮點色系：根據宇宙大自然或太歲星所提供較豐富的能量，充分運用會成為開運亮點的元素與色系。

新年新氣象，對於猴子而言，將會是真實的寫照。因為「機會才華星」以清新泉湧的方式演繹猴子們的新運勢，此種流年最適合新事業的出發，即便是老事業的翻轉也容易清新脫俗。在生活上的部份，猴子們容易感受到一種新生活型態的轉變，對於事物的新觀點和感受，也有必要主動學習，主動吸收後疫情時代市場變化的訊息。

　　從太歲五行氣數的角度來說，2023癸卯兔年的「動有餘而靜不足」現象會更加強烈，因此在掌握「才華機會星」展開行動的同時，猴子們也需要增強穩定的能量，那就是「印綬之星」。在生活上，「印綬之星」代表的是家庭、組織、團隊、貴人、健康、計畫等，這其中最重要的是健康。即便疫情逐步舒緩，猴子們還是不宜掉以輕心，戴口罩，勤洗手，作息正常對於免疫系統有幫助。至於貴人的部份，則需要熱情接觸社團，廣結善緣積累貴人籌碼，運用團隊的能量讓自己有更多可運用的人脈。

　　最後在歲星神煞的部份，雖然本命「龍德、紫微、玉堂」三大吉星照拂，不過由於歲犯「小耗星」，還是需要提防因小失大的誤判局面的出現。換言之，大氣、慷慨加上熱情，猴子們的好運勢容易獲得更大的提升。

事業運勢

　　整理後再出發，猴子們在2023癸卯兔年的整體運勢就是此種意境。雖然「機會星」蓄勢待發，而「行動星」也躍躍欲試，這是個絕對有利啟動行動力，積極掌握機會的流年。不過值得提醒的是，整體性的計畫十分重要，唯有按部就班的行動才不會辜負了「太歲星」的美意。

對於企業猴子而言，企業體質與系統的調整十分重要，檢視整理後再出發，並且設妥目標，將有絕大的機會達陣。對於一般猴子們而言，則是自我本領和認知的強化與整理，有機會考取證照就別猶豫，安排提升職場本領的學習。最重要的是，學會如何團隊運作，單打獨鬥永遠不如團隊合作。組織共好系統，創造更好的流年事業運勢。

財利運勢

財源吉星氣勢頗為明顯，而財祿吉星也十分活躍，這是個財利運勢充沛而理想的一年。對於商務買賣猴子而言，只要適當地布局有機會以小搏大。對於業務行銷猴子來說，勤能補拙雖然不很貼切，卻也說出財水活躍的景象，加把勁，辛苦有成喔！

只不過，前文所說的「適當布局」，就是如何將賺的錢留下來。通膨嚴重的目前，定期存款不聰明，購買屋宅又有一些雜音，這個時候儲蓄概念成為了理想的理財標的。

整體而言，猴子們的財運夏天最為旺盛，因此宜冬天布局，春天成長，夏天收成。秋天不是投資天，調整籌碼等待冬天的再度進場。

情緣運勢

《當幸福來敲門》這是一部感人溫馨又勵志的電影，對於猴子們的2023兔年而言，卻是另一種闡釋，那是一種紅鸞星動的寫照，更是幸福的象徵。

對於男士們來說，正緣星受到了太歲星的祝福，氣勢超讚，單身適婚男猴子需要主動出擊，當幸福來敲門，就該趕緊將門打開。已婚

或已有伴侶的男猴子要懂得珍惜，因為她是你的財神爺喔！女士們的2023兔年也是幸福的，因為「正緣星」桃花盛開。古書說：「有財的女人最美。」這裡說的「財」不只是「財富」，而是「幫夫」的代名詞。現在女性不喜歡「幫夫」這兩個字，其實「幫夫」就是幫助自己有發財運，以及有美好的姻緣運。

開運風水

　　「印綬之星」是猴子們在2023癸卯兔年的必須，因此除了組織團隊、積累貴人和守護健康之外，還需要將居家和辦公室風水給予妥善的布局，因為「家」是「印綬之星」的基地堡壘。

　　猴子本命屬金，土、金是幸運五行元素，顏色是黃色和白色，方位則是西南方、東北方、正西方和西北方。

　　由於「土星」是猴子們「印綬之星」的代表五行，因此這一年最為理想的幸運色系將會是黃色、大地色，而最為理想的開運珮飾將會是圓形或葉子造型的飾品，而較為理想的材質是黃金虎眼石與黃水晶，黃金材質的「如意」也是值得運用的幸運珮飾。居家和辦公室的西南方十分重要，宜多運用黃色系列布置，而西北方則宜擺放特製小羅盤、白水晶和一碟粗海鹽。

流年運勢亮點顏色與方位：藍色、綠色。正北方、東南方、正東方。
流年運勢幸運點顏色與方位：黃色、白色、大地色。
**　　　　　　　　　　　　　　西南方、東北方、東南方。**
流年貴人生肖：猴、龍、蛇、馬。

屬猴各年次流年運勢

2004/1944年的猴（民國93/33年，甲申年，20/80歲）

　　年輕就是本錢，但年輕千萬要懂得匯聚生命的能量。對於2004年的猴子而言，這是個積累人生資源最好的一年，考取證照與學業證書是最為聰明的旺運策略。男士們的情緣運勢頗佳，理想的對象需要珍惜。1944年的猴子們，這是個健康星氣勢清新的流年。這一年除了營養的補充外，居家環境的調整十分重要，陽光充足，空氣流通，再加上擁有好心情，即便80歲依舊容易擁有硬朗的身體。

1992年的猴（民國81年，王申年，32歲）

　　西方諺語「A friend in need is a friend indeed.」說的是「患難見真情」，此種說法並不代表猴子們的流年運勢不好而需要朋友，而是今年有機會因為廣結善緣而積累生命貴人籌碼。學習是最好的方式，學習朋友的智慧與技能。換言之，猴子們的財富與事業機會，可以透過仿效的方式啟動，再演變成自己的特有的運作策略。事實上，這一年流年課題宜聚焦在事業上。

1980年的猴（民國69年，庚申年，44歲）

　　如果你是單身適婚的男猴子，這將會是個典型的「紅鸞星動年」，因為「正緣星」以優雅的方式呈現，只不過需要猴子們主動出

擊。女士們的情緣運勢也容易因為「正緣星桃花」，而享受幸福。對於事業而言，都是最適合出發或是轉型的好流年。「智慧生財」是流年特質，創意行銷都容易創造佳績。不過如果搭配整體性的計畫，這將會是個豐收年，而成家立業也容易如願以償。

1968年的猴（民國57年，戊申年，56歲）

財為養命之源。這是傳統命理學中的經典學理，可見「錢不是萬能，沒有錢卻萬萬不能」的說法是有根據的。對於猴子們而言，這一年的運勢主軸將會在「財富」的經營上。換言之，這是財運亨通的流年。情緣運勢上，男猴們較為理想，女猴們則宜謹慎規避「偏緣星」的干擾。不過如果先為自己打造個幸福的窩，姻緣、財運、事業和健康都有機會獲得成就。

1956年的猴（民國45年，丙申年，68歲）

對於還在事業線上的猴子們而言，這是個值得多加把勁的流年，因為太歲星提供了「官印相生」的磁場，代表事業有成。不過，這是一種具有轉型再出發特質的太歲氣數，不論是第二春，還是第三春事業都值得嘗試。當然，這一年的家庭與健康運勢都十分理想，因此在嘗試再出發之前，先把居家風水和家庭氣氛經營好，則流年的好運勢將會更加具體。

屬猴流月運勢

宜謹慎面對的月份：正月、六月、七月、九月、十二月

正月 運勢（國曆2/4～3/5）

每一年的正月都是猴子們的本命六沖月，因此不利嫁娶與重大事務的抉擇與出發，今年也不例外。水星是本月的開運元素，除了多穿藍色衣服和北方放置「陰陽水」之外，最重要的是運勢上的主動出擊，例如積極拜年和安排未來生命蛻變的學習機會。

二月 運勢（3/5～4/5）

太歲之月，大環境具有大好大壞的元素。對於猴子而言，這是個財運頗為理想的月份，商務買賣、業務行銷與投資求財都值得努力，因為有利可圖。情緣方面，男有成，女有就，因此本月大利嫁娶。太歲將星主事，名利雙收成為了另一種值得努力的原因。

三月 運勢（4/5～5/5）

本命三合月，自然是吉利的，再加上「事業官貴星」照拂，前兩個月的規劃與努力，這個月容易看到初步的成就。只要再加把勁，下個月極容易就是收成月。女士們的正緣星頗為明顯，該努力的努力，該有結果的就別再猶豫。本月大利捐血，化解白虎星厄勢力。

四月 運勢（5/5～6/6）

本命六合星，再加上貴人星與天德吉星照拂，本月諸事皆宜。對於猴子們而言，這是這一年中最為吉利的月份，不過對於事業而言，該收成的積極收成，因為這也是個整理後再出發的月份。女士們的情緣運勢就是如此。投資求財，也是見好便收。

五月 運勢（6/6～7/7）

迎接「夏至」，代表時序即將進入下半年。本月陽氣最盛，端午節的轉運、開運祕法一定要執行。對於猴子們來說，這是家庭運勢最為理想的月份，因此搬家、入宅、修造，甚至購屋置產，都適宜擇吉執行。不過投資求財宜謹慎，容易誤判而傷荷包。

六月 運勢（7/7～8/7）

雖然是太歲三合月，不過由於本命煞星職月，重要吉事還是避之為宜。本月不利嫁娶。由於大環境氣勢頗佳，猴子們就該走出大門接觸不同的風景和訊息，本命三煞容易獲得化解。以靜制動是理想的趨吉避凶。健康星氣勢不佳，宜留意養生事宜。

七月 運勢 （8/7～9/7）

本命月，也是傳統的七月，對於猴子而言，這是個容易大好大壞的月份。本月不利嫁娶，生活中的重要事務還是延至下個月再進行為宜。「五鬼星」職月，事務的執行宜依照計畫，可免功虧一簣之憾。劫財星虎視眈眈，宜謹慎理財。

八月 運勢 （9/7～10/8）

中秋佳節，月圓人團圓的節日，家人的聚會十分重要。對於猴子們而言，還有一件最重要的事情，那就是廣結善緣，因為這是人脈磁場十分活絡的月份。就從佳節的祝福開始，運用交友或通訊軟體，轉達祝福心意有助於下半年的運勢提升。

九月 運勢 （10/8～11/7）

歲合星職事的本月，按理說應該是諸事皆宜，不過由於癸卯年的「歲合星」，同時也是「歲煞星」，因此這是個吉凶交參的月份。太歲星認為諸事不宜，不過猴族們由於智慧生財的緣故，這是有利可圖之月，商務宜納財入袋。事務執行需要見好便收。

十月 運勢 （11/7～12/7）

時序進入冬天，水氣格外旺盛，對於猴子們而言，代表的是機會氣場也格外活絡。這個月的亮點行為就是開創和改變，換個方式面對

事務，容易獲得不一樣的收穫。值得一提的是，由於歲犯「六害」，因此重要抉擇還是需要事緩則圓。

十一月 運勢（12/7～1/5）

　　將星與歲祿併臨，再加上三合吉星照拂，這是個吉利的月份。不過由於在月令氣數中，存在著現象是動有餘而靜不足，因此將速度放慢減緩，為了是避免出現掛一漏萬之憾。健康星需要呵護的能量，即便疫情舒緩，口罩與勤洗手依舊缺一不可。

十二月 運勢（1/5～2/4）

　　歲祿合是太歲星提供的吉星，不過由於本月氣場並不清澈，因此事務的執行還是需要謹慎。本月不利嫁娶。歲末年終，面對元運更換的時機點，今年的大掃除一定要盡力，因為要迎接新的「天心磁場」。新事業的出發或轉型，還是開春後再說。

實戰學習，安太歲祈求平安

機會與意外哪一個先出現？其實別擔心，只要做好正確的準備，「歲破」反而是太歲星提供轉大運的契機，至於如何轉運請雞族們繼續看下去……

流年運勢

「歲破」是個可怕的名詞，在流年生肖中也是特別會受到關注的生肖，因為是和「太歲星」對沖的生肖。一般來說，化解「歲破」最好的策略就是「安太歲」，2023年的雞族也是如此，不過這一年的對沖不只是「太歲星」的衝剋，同時也是雞族整體運勢會因為「歲星衝剋」而出現重大變動的一年。陶文在研究命理學問44年來，一直都認為「沖」就是「動」，只要「動」就有機會。然而對於雞族們2023癸卯兔年的沖與動，卻需要提出全面性的解釋與到位的趨吉避凶，請讀者朋友們耐心看下去。

亮點色系	幸運點色系	幸運數字	吉利方位
藍色、綠色	白色 黃色、深藍色	4、5、6、8 及其組合	西北方 東南方、東北方

幸運點色系：流年運勢最需要補充與強化的元素與色系。
亮點色系：根據宇宙大自然或太歲星所提供較豐富的能量，充分運用會成為開運亮點的元素與色系。

太歲星是一年中最尊貴，最神聖的神祇，其「辰次」在「卯」，而雞的「辰次」在「酉」，屬於180度的衝剋，也是「金剋木」的衝剋，對於雞族們而言，不但容易因為冒犯的太歲而讓運勢出現動盪不安，並且容易出現投資失利和財運受挫的現象。因此今年的雞族一定要好好地安太歲，除了大廟，最好在居家或辦公室附近的土地公廟，再度虔誠地安太歲。

癸卯太歲對於雞族而言，是屬於文昌星秀麗呈現的流年，秀麗的文昌星和偏財祿吉星出現的共鳴現象，因此理論上這是個財富豐盈，投資買賣順遂如意的一年。不過經過了「歲破」的影響，雞族要謹慎面對事業上的異動與轉型，新事業的出發更是需要謹慎再三，因為很多時候機會與意外很難分辨。

除了拜拜安太歲之外，雞族也需要在生活策略上給予妥當的安排，例如學習，並且是實戰式的學習，用行動體驗、用實務操作規避文昌星不安穩而引起的誤判。居家風水的部份，請仔細閱讀「開運風水」。

事業運勢

好機會可遇不可求。事業氣勢活絡的現象，讓雞族對於癸卯兔年充滿了期待，「文昌星」與「偏財祿星」交織的結果，這是個清新的一年，就像春天的欣欣向榮，就像雨後的春筍，因此這一年的事業亮點將會是在「出發」和「調整後再出發」。

不過由於穩定星和成就星的氣勢並未同步，因此所有的「出發」或「調整後再出發」都需要整體完整的計畫，隨興或一時興起的行動，並不容易贏獲預期中的結果。這個時候除了安太歲之外，最需要的是實戰式的學習，用行動體驗、用實務操作規避文昌星因為歲破而

引起的誤判。

另外企業雞族需要的是建立公司運作系統，以後只問系統不需要問「人」。而一般雞族，則宜積極考取證照和資格認定，讓自己多了斜槓的機會與本業的更穩固。

 財利運勢

偏財祿星主事的流年，按理說應該是財運亨通，金錢活絡的流年。在太歲氣數中的推演的確如此，再加上「文昌偏財源吉星」的照拂，投資求財和商務買買都有機會提升獲利，甚至於業務行銷也有機會創造佳績。

然而還是需要提醒的是「歲破」的流年關鍵問題。此種現象就好比拍皮球，用太大的力量，皮球的反彈雖然強大，但很難得到控制。因此雖然財富的機會出現了，然而缺乏整體性的運作策略，恐怕只會是曇花一現。團隊和紀律是理想的趨吉避凶。

整體而言，雞族的財運以夏天為旺，冬天出發，春天加碼，不過納財獲利的機會，卻出現在六月和九月。儲蓄概念會是理想的投資標的，生活、車用2.0、工業4.0、網通概念是值得關注的財利標的。

♂♀ 情緣運勢

不宜嫁娶，這是歲破之年的禁忌。不要不信邪喔！婚姻是需要獲得祝福的，當大家都認為忌諱嫁娶的時候，還是別犯這個忌諱。

情緣方面，男士們的「正緣星」氣勢明顯，但也因為「歲破」的緣故，反而容易出現錯失良機的情況，人對了，感覺對了，就該珍

惜。已婚或已有伴侶的男士，要留意另一半的健康。女士們雖然容易感受到情緣桃花的魅力，不過卻也容易因為「歲破」而稍縱即逝，這一年與其追求情緣，不如專注在事業與自我成長上來得踏實。對於已婚或已有伴侶的女士們而言，宜留意另一半家庭長輩的健康，以及整體事業的穩定，妳是他最大的靠山與支持者。

開運風水

　　四兩撥千斤，今年的「歲破」務必化解，而化解之道自然是「安太歲」。不過在居家和辦公室的風水布局，也需要用心用力才行。化解「金木交戰」之「歲破」的最好元素就是「水星」，因此需要「大江水」的源頭「西北方」做功課。今年的西北方正巧是「五黃煞」和「歲煞」併臨的地方，因此在這個地方需要擺放「帝王水」，亦即內置陰陽水和粗海鹽的金魚缸，既解了「歲破」，也化了「雙煞」厄勢力。隨身攜帶黃金如意與黃金虎眼石平安扣，更可保平安，順事業。

　　雞族的本命五行屬金，本命方位在正西方，土和金是生助五行，黃色、白色和金黃色則是本命吉利色系。

流年運勢亮點顏色與方位：藍色、綠色。正東方、正北方。
流年運勢幸運點顏色與方位：白色、黃色、深藍色。
**　　　　　　　　　　　　西北方、東南方、東北方。**
流年貴人生肖：豬、鼠、龍、猴。

屬雞各年次流年運勢

1993年的雞（民國82年，癸酉年，31歲）

　　朋友是生活中最大的資源，在「歲破」的流年結構下，雞族需要呵護的是人際關係的優質化。雖然生活中難免出現意見相左的時候，包容和瞭解成為了化解「歲破」的理想趨吉避凶。學習是化解錯失良機的佳策良方，就從生活與人脈運作的學習開始。

　　財利運勢是另一門流年課題，投資求財宜謹慎，不斷檢視，絕對遵守紀律。長線為宜，儲蓄概念標的值得關注。

1981年的雞（民國70年，辛酉年，43歲）

　　不鳴則已，一鳴驚人。事業運作與投資求財也是如此，不飛則已，一飛沖天。許多事情雖然機緣俱足，不過當風險還沒有得到真正的陽光化的時候，步步為營為佳。情緣方面，男士們需要呵護的是值得珍惜的情緣。女士們則宜善用稍縱即逝的桃花，由情緣轉到人緣。財運方面，並非因為劫財星氣盛，而是雞族需要提升的是自我理財能力。健康方面，偶爾停下腳步，讓自己有喘息的時間與空間，有利健康，更有利事業的後續發展。

1969年的雞（民國58年，己酉年，55歲）

　　難得的「名利雙收」磁場明顯的流年，也是難得可以嶄露身手的時候，無奈「歲破」引動的「文昌星」與「事業官祿星」的衝突，理

想和現實處於「魚與熊掌」的窘況中。務實是這個時候的理想化解之道，回歸現實面，才會找到真實面。男士們的最大貴人就是另一半，對於單身雞族而言，守住錢財，才會守住未來。女士們則宜聚焦在自己的成長，人生目標需要擬定與呵護，至於情緣的事愈淡愈好。

1957年的雞（民國46年，丁酉年，67歲）

不論是一千萬元，還是一億元，甚至於一兆元，健康永遠是前面的那個「一」。兔年的「歲破」衝擊到的是雞族的「健康星」，雖然生活中還有許多事情需要完成，而生命中也有許多心願要圓滿，不過別忙過頭了，畢竟人生不是一項百米賽跑。事業方面，也是如此。往往危機就是在創造另一個轉變的契機，這是事業總體檢的好流年。企業家雞族感謝疫情，同時也感謝通膨，造就了蛻變的絕對能量。一般雞族，則維護家庭成員的健康與和樂，就從布局幸福好風水開始。女士們雖然需要多關心另一半的事業變數，不過還是以聆聽的方式即可。這是個讓自己成為生活主角的一年，子女的事務，讓子女們自己尋找成就感，畢竟「兒孫有兒孫福」。

1945年的雞（民國34年，乙酉年，79歲）

怡然自得的流年，雖然「歲破星」改變了既有計畫，不過當呵護健康的意識獲得喚醒，家庭和諧的氣氛獲得凝聚，反而要感謝「歲破星」的推波助瀾。不過還是需要提醒的是，雞族的自我堅持與原則有必要放下，放下執著，解放自己。生命中並不存在1與0的絕對性，堅持了一輩子的習慣與性格，一朝一夕的改變著實不容易，然而絲毫不變卻很難讓怡然自得的流年氣息進入生活。

屬雞流月運勢

宜謹慎面對的月份：二月、三月、六月、八月、九月

正月 運勢（國曆2/4～3/5）

　　新春之月，事業官貴祿星氣勢旺盛的月份，最為理想的開運策略就是拜年。向事業上的貴人拜年，傳簡訊或通訊軟體的訊息拜年，都具有理想的效果，只不過務必親自撰寫拜年文，忌諱長輩圖。好的開始就是成功的全部，歲破年要到廟宇拜拜安太歲祈求一年平安順遂。

二月 運勢（3/5～4/5）

　　太歲月，本來就具有大好大壞的磁場，由於正巧是雞族的「六沖月」，因此宜格外謹慎面對。本月諸事不宜，更是不利嫁娶。放下得失心，將會是開運的第一個功課。謹慎理財，則是第二門課題。男士們情緣事務的運作，越淡定愈好。

三月 運勢（4/5～5/5）

　　本命六合吉星照拂之月，理論上是吉利的，不過由於同時也是本命「三煞星」與「歲害星」籠罩的時段，這個月份的事務執行依舊宜謹慎，重大抉擇與出發避之為宜。本月不利嫁娶。女士們的情緣運勢雖佳，但還是安步當車的好。

四月 運勢 （5/5～6/6）

天晴了，烏雲離去了，雞族開運了！本命「三合星」照拂，再加上「太歲貴人驛馬星」啟動，本月諸事皆宜，更是大利廣結善緣。月犯「白虎」與「喪門」，不宜探病弔唁，勢在必行請隨身攜帶「粗海鹽」。理想姻緣在起跑線，是機會就該掌握。

五月 運勢 （6/6～7/7）

事業星的磁場超級活絡，姻緣與家庭的能量也超級理想，最適合成家立業的月份。紅鸞星、福星與天德吉星照拂，對於雞族們而言，這是一年中最為吉利，最值得為事業卯足勁的時段。不過還是需要多一份淡定，以規避「太歲五鬼星」的干擾。

六月 運勢 （7/7～8/7）

太歲三合月，大環境諸事皆宜。「異路功名」的磁場明顯，「無心插柳柳成蔭」的現象出現在生活中，機會即便再小，也不宜輕易錯過。家庭運勢頗佳，團隊運勢也理想，貴人的積累從起心動念開始。投資求財宜謹慎，多做功課避免誤判。

七月 運勢（8/7～9/7）

　　秋天來了，無需一葉知秋的惆悵，而是珍惜本命貴人磁場獲得提升的喜悅。本月大利廣結善緣，就從勤於參加朋友聚會開始。七月的傳統尊重就好，而「地官赦罪」的轉大運機會卻需要積極把握。學習的能量超明顯，這是一種向上鏈結的訊息。

八月 運勢（9/7～10/8）

　　歲破月，諸事不宜。本命「將星」陷入了「歲破」的磁場中，事業上的異動，自我意識與價值的調整，事緩則圓。歡慶中秋，祝福朋友的好時機又到了，禮多人不怪，整體運勢轉變值得期待。本月宜謹慎理財，只因為劫財星在暗中虎視眈眈。

九月 運勢（10/8～11/7）

　　這是個詭異的月份，只因為「歲合星」與「歲煞星」同時降臨。雖然也是雞族的「六害月」，不過從事業星能量獲得提升看來，反而有利積極承接不可能的任務。自我事業有機會在這個時候獲得期望式的躍升，危機就是轉機，機會藏在細節裡。

十月 運勢（11/7～12/7）

　　「文昌星」、「驛馬星」、「地解星」、「歲合星」併臨，這是出發磁場活絡的月份，新事業或轉型後的再出發，皆大利順勢而為。

立冬，意味的是天氣要涼了，水氣開始轉盛了，代表宜開始進行迎接2024甲辰龍年的趨吉避凶，因為雞族將會擔任「歲合星」。

十一月 運勢（12/7～1/5）

「歲祿星」與「本命文昌星」照拂，即便出現「五鬼星」的身影，這依舊是吉利的月份。延續上個月的行動目標，調整部份計畫，做好甲辰龍年起飛的準備。不論男女都有必要謹慎面對異性的互動。金錢星磁場頗佳，投資求財以低接為主。

十二月 運勢（1/5～2/4）

本命「三合吉星」照拂之月，雖然出現了「歲刑星」的身影，本月依舊諸事皆宜。歲末年終大利檢討調整再出發，由於「機會才華星」氣勢明顯，該爭取的機會義不容辭。只不過由於「健康星」氣場不佳，天冷別忘了添加衣物，保暖十分重要。

萬事俱備，避開獨斷獨行的思維

努力成為更好的自己，萬事俱備，只欠東風。2023癸卯兔年太歲星已然為狗狗們準備好迎接新年好運氣的禮物，不過條件是需要狗狗們自己用方法打開這些禮物。

流年運勢

幸福是自己給的，不是別人送的。生活中常聽說「努力成為更好的自己」，不過通常這句話會出現在一種等待被鼓勵的狀態，然而對於狗狗們可以擁有幸福與好運的2023年而言，可就不是如此了。

雖然這是個有意思的流年，因為既是「歲合星」，同時也是「歲煞星」的狗狗，再加上「桃花星」盛開，似乎並不容易為2023癸卯兔年的運勢吉凶下定論。不過，光從太歲星提供了「富」與「貴」的氣息看來，狗狗們的財利運勢和事業運勢就值得期待了。然而，值得一提的

亮點色系	幸運點色系	幸運數字	吉利方位
綠色、藍色	紅色、紫色、黃色	1、2、6、7及其組合	正西方、西南方正北方、西北方

幸運點色系：流年運勢最需要補充與強化的元素與色系。
亮點色系：根據宇宙大自然或太歲星所提供較豐富的能量，充分運用會成為開運亮點的元素與色系。

是，由於2023癸卯兔年的太歲星氣數並不完整，就像宴客的時候，主人準備了豐盛的佳餚，唯獨少了可以大快朵頤的餐具。

事實上就是如此，對於狗狗們而言，雖然太歲星提供了旺財富和旺事業的能量，卻缺少了成就這些能量的元素，的確有為德不卒的感覺。然而就從狗狗們自身就是成就這些能量的元素代表看來，狗狗們的2023癸卯兔年真的是典型的「萬事俱備，只欠東風」，而這個「東風」就是自己的努力。而促成的元素就是「歲合星」，對於狗狗們而言，這顆「歲合星」就是富貴併臨與名利雙收的寫照。

只不過需要留意的是，癸卯兔年的「歲合星」是狗狗的「戌辰次」，而「歲煞星」卻也是狗狗們的「戌辰次」，所謂的「歲煞星」就是匯聚三方四正晦氣於一身的星曜，是年度煞星中最凶厄、最需要規避的星曜，在「歲煞星」的方位是忌諱動土與施工的。從「歲煞星」的位置在「西北方」看來，屋宅的西北方忌諱動工、安神位，因此也有了癸卯兔年「大利南北，不利東西」的說法。

就整體流年運勢而言，其實不怕「歲煞星」與「歲合星」一體兩面的現象，只要狗狗們懂得運用集體智慧，避開獨斷獨行的思維和策略，就有機會成為自己的幸福製造者，真正努力成為更好的自己。

事業運勢

既然是「富貴併臨」，那麼在事業上創造成就的機會也就越大，按理說這是個值得期待的流年，只不過值得提醒的是，由於太歲的整體氣數並不順暢，因此除了運用集體智慧和避開獨斷獨行之外，最重要的是安排學習的機會，否則癸卯兔年的「富」與「貴」，很有可能會成為「紙上富貴」。

企業狗狗們宜打破企業的傳統侷限，讓公司有機會以多元的方式展現生機，同時也避免落在市場浪潮之後。一般狗狗們，就是安排學習了，跨領域的吸收新知，專業領域的再提升，都是癸卯兔年的必須。然而，不論是前者，還是後者，仍舊需要鞏固既有的成就，因為要成為更好的自己，而不是全新的自己。

 ## 財利運勢

　　財氣活絡的流年，這是個營造細水長流財富的大好時機，只不過可惜的是，財氣雖然活絡，但生財的財源吉星氣勢卻明顯不足，因此如何開源比如何節流或如何留住錢財更加重要。對於企業商務狗狗們來說，開發新市場、新產品與新通路是最需要執行的旺財策略。一般狗狗們則有必要學會如何投資求財，才不至於讓辛苦賺來的錢給通膨給銷蝕了。

　　整體而言，這是保守意識強烈的流年，適宜購屋置產，商場或股市投資求財宜多做功課，直覺會傷害荷包。財富以秋冬最為活絡，夏季宜謹慎理財，春天以收成為主。投資標的宜以生活概念股為佳，電信服務、光學元件、電動車、無人機等概念股也值得關注。

 ## 情緣運勢

　　桃花星盛開的流年，人際關係和情緣運勢都容易獲得正向的提升。確切地說，對於狗狗們而言，這是個典型的成家年，因為「家」是最大的好運能量聚集處所，家在哪裡，好運就在哪裡，因此居家風水布局絕對不可馬虎。對於已有伴侶的狗狗們而言，子女是提高好運

層次的重要元素。

　　單身適婚男士們的情緣運勢較為理想，因為「正緣星」十分明顯，值得付出心思努力。女士們就要謹慎面對情緣事務了，可以享受愛情，就是不可以忘情。至於習慣以自己的方式過生活的狗狗們，除了為自己布局幸福的窩，同時也要安排各種學習的機會，創造精彩的精神生活。

開運風水

　　幸福是自己給的，策略正確就有機會努力成為更好的自己。從風水的角度提升「歲合星」的正能量，讓「歲煞星」有機會「化煞為權」。「西北方」的「歲煞星」厄勢力需要化解，而化解的布局請參考〈奇門風水〉的「關煞星」章節。

　　對於狗狗們而言，屋宅與辦公室的「西北方」需要擺放金屬材質的老虎雕像，而隨身配戴「黃金虎眼石」葉子造型飾物，就有機會旺「歲合」化「歲煞」。

　　狗狗們本命屬土，因此喜愛火與土元素的生助，吉利顏色為紅色和黃色，方位則為南方、東北與西南。

流年運勢亮點顏色與方位：藍色、綠色、紅色。
**　　　　　　　　　　　　　　北方、東方、東南方、南方。**
流年運勢幸運點顏色與方位：白色、金黃色、駝色。
**　　　　　　　　　　　　　　西方、西北方、西南方。**
貴人生肖：虎、馬、蛇、猴。

屬狗各年次流年運勢

1994年的狗（民國83年，甲戌年，30歲）

典型的合作創業年，合作對象以朋友和家族成員居多，由於財富星氣勢頗佳，這也是個容易成功的流年。只不過需要提醒的是，如果想讓事業進入成功軌道，名氣的營造十分重要。因此媒體的行銷與知名度的提升，需要多費心思。整體而言，自我情緒的妥善管理也需要用心，別讓「歲煞星」壞了「歲合星」的好事。情緣事務愈淡愈好，聚焦職場，情場以後再說。

1982年的狗（民國71年，壬戌年，42歲）

成為更好的自己，首先要明白這個世界上自己是獨一無二的。之所以這麼強調的原因，是因為狗狗們比較容易迷失在這個流年氣勢中，迷失在模仿別人而忘了自己優點的窘況中。雖然這是個容易出現合作機會的一年，不過卻也是最需要謹慎面對合作機會的一年。健康而獲利滿滿的狀態勢值得期待的，只不過必須嚴格執行合作條規。這是個做自己的流年，謹慎理財，也謹慎面對情緣事務。

1970年的狗（民國59年，庚戌年，54歲）

智慧生財，事業有成，名望獲得肯定，這是個百分百值得為事業拚命的流年。這一年的幸福指數頗高，男士們婚姻情緣都十分理想，女士們也有機會沉浸在愛的氛圍中。財運與事業運同步理想，少有生

肖的流年運勢這麼理想的，祝福狗狗們。不過需要提醒的是，事業、財運、愛都順遂的流年，人際關係卻讓狗狗們感到傷腦筋，謙虛是好策略，不過低調做自己才是真道理。

1958年的狗（民國47年，戊戌年，66歲）

60年一次，天地正合，每個人一生中都會出現一次。由於癸卯兔年太歲星以「五合」與「六合」的方式呵護狗狗們，因此家庭運勢頗佳，財利運勢也理想，男士們的情緣運勢更是幸福。唯女士們需要配戴具有老虎意象的珮飾，如黃金虎眼石、金飾虎牌或是金材質的如意，幸福才容易獲得發酵。健康值得提醒，尤其是消化系統與婦科的問題，多留意養生事宜。

1946年的狗（民國35年，丙戌年，78歲）

謹慎理財！子孫自有子孫福，莫為子孫牽腸掛肚，尤其守住辛苦資財守住保障。此種說法並不是因為子孫不好，而是要狗狗們養好自己的運勢和健康，子孫就沒有煩惱。整體來說，狗狗們的流年運勢是理想的，尤其是家庭運勢頗優，居家風水做得好，養尊處優沒煩惱。不過需要提醒的是健康方面的事務，鐵質、鈣質、蛋白質等營養素的補充十分重要。

屬狗流月運勢

宜謹慎面對的月份：二月、三月、六月、八月、九月、十二月

正月 運勢（國曆2/4～3/5）

　　本命三合星照拂之月，再加上事業星磁場頗佳，這是個值得為一整年好運勢規劃行程與節奏的月份。女士們的愛情運頗佳，男士們則宜謹慎面對。新春之月是積累貴人籌碼的好時機，就從恭賀新年開始。拜拜安太歲化解「歲煞星」厄勢力。

二月 運勢（3/5～4/5）

　　太歲之月，大好大壞。本命六合星照拂，按理說應該吉利非常，不過擇日學卻提醒不宜嫁娶。太歲桃花星氣勢頗盛，對於人際關係的經營具有莫大的助益，不過對於女士們而言，就要謹慎面對愛情事務了。家庭運勢佳，掌握春分日布局好風水。

三月 運勢（4/5～5/5）

　　本命六沖與歲害星同時籠罩，本月不利嫁娶，其餘重要事務也最好避之為宜。這其中最需要提醒的是家庭運勢的變化，請用關心代替責罵。另外就是健康事務，即便機會滿滿也需要給自己喘息和休息的時間。謹慎理財也是需要提醒的部份。

四月 運勢 （5/5〜6/6）

福氣星高高掛起，這是個陽光普照，福澤星照拂的月份，本月諸事皆宜。大利成家立業，婚姻嫁娶更是吉利。紅鸞吉星、龍德星、紫微星和太歲驛馬星照拂，這是轉換跑道最理想的時間點，事業轉型也適宜順勢執行。購屋置產，也是如此。

五月 運勢 （6/6〜7/7）

本命三合月，自然是吉利的月份，再加上「將星」值月，事業上容易如意順遂，而職場貴人與千里馬都有機會出現，值得珍惜。然而值得提醒的是大環境的現象，由於歲絕星與五鬼星併臨，狗狗們外出還是需要保護自己，謹言慎行與防疫。

六月 運勢 （7/7〜8/7）

歲合之月，大環境是理想的，不過由於本命刑剋的緣故，重要吉事還是避開為宜。雖然如此，由於「天德吉星」與「福星」照拂，對於既定的事務還是值得順勢執行之。健康磁場並不理想，本月沒事多喝水。劫財星氣息頗盛，宜謹慎理財。

七月 運勢（8/7～9/7）

　　七月具有傳統的故事，值得尊重，展現慈悲。對於狗狗而言，這是一年中少見的吉利月份，機會星磁場佳，偏財源吉星更是活躍，投資求財有利可圖。不過男士們需要謹慎面對情緣事務。文昌星與驛馬星同時啟動，七月也會是理想的事業出發月。

八月 運勢（9/7～10/8）

　　「歲破星」再加上本命「六害星」併臨，本月不利嫁娶，更不利執行重要抉擇。由於機會星氣勢頗盛，而狗狗們的思維也特別活絡，本月興起的點子值得紀錄起來，以便日後落實發財富。本月不適合新事業的出發，出外宜做好疫情的防護措施。

九月 運勢（10/8～11/7）

　　本命月，大好大壞。同時也是「歲合」與「歲煞」同時出現的月份，這是個尷尬的月份，因為吉凶交參。本月不利嫁娶，重要吉事避之為宜。謹慎理財，因為劫財現象頗盛。男士們需要謹慎面對情緣事務。職場上的才華還是容易獲得肯定。

十月 運勢（11/7～12/7）

　　太歲三合月，本命的財利吉星氣勢佳，再加上「天喜星」與「太陽」同宮，這個吉利的月份，本月諸事皆宜，大利嫁娶。不過男士們

還是需要謹慎面對情緣事務。女士們正緣星氣勢佳，另一半的事業運勢十分理想，因為妳是貴人。

十一月 運勢（12/7～1/5）

歲祿之月，又是狗狗們的福氣月，本月諸事皆宜。只不過由於月犯「喪門」，宜捐獻種福田為家中長輩添福壽。弔唁之行勢在必行，宜攜帶一包粗海鹽，化解負能量。財祿吉星照拂，投資求財有利可圖。事業氣勢鬆散，一動不如一靜。

十二月 運勢（1/5～2/4）

歲末之月，收拾起忙碌的心情，準備過好年。由於本命「三煞星」氣勢明顯，重要吉事避之為宜。另外，歲末最需要執行的就是感恩一年來幫助自己的貴人和客戶，該準備的禮物不宜寒酸。明年是狗狗的歲破年，請提前謝太歲，並且安太歲。

蓄勢待發，擁有多重組合的流年

懂得運用別人的智慧成就自己，進而感恩，並且回饋，豬族將會成為2023癸卯兔年最幸運，最成功的生肖。因為太歲的文昌星，就是自己的機會星。

 ## 流年運勢

　　成功不是靠盡力，而是借力。對於豬族而言，2023兔年就是此種意境的流年。

　　太歲星是豬族擁有相同氣息的好朋友，而這位朋友所釋放的是「三合」正向能量，再加上這位朋友的「智慧星」，正巧是豬族的「機會星」，擁有如此這般多重組合的流年，仔細想想豬族的2023年是不是很幸福？

　　然而重點是豬族在2023兔年太歲磁場中的氣勢是弱的，「機會星」雖然出現了但未必能夠到位掌握，碰巧這個「機會星」是太歲朋

亮點色系	幸運點色系	幸運數字	吉利方位
綠色 藍色、黑色	白色 金黃色、紅色	0、7、8、9 及其組合	西方 西北方、正南方

幸運點色系：流年運勢最需要補充與強化的元素與色系。
亮點色系：根據宇宙大自然或太歲星所提供較豐富的能量，充分運用會成為開運亮點的元素與色系。

友星的「文昌智慧星」，而這位太歲朋友星對於這顆「文昌智慧星」的掌握與運作，不但嫺熟更是箇中巧手，於是豬族就擁有了一位能量滿檔，並且值得合作的關鍵貴人朋友。

就前述現象的角度來說，面對如此形勢比人強的流年，需要做好自我能量提升的準備，以及合作出發之後規則的訂定，以免最終落到幫人數鈔票的窘況。

整體而言，這是貴人能量活絡的流年，也會是豬族的事業衝刺年，因此最容易遇到的將會是，在事業的理念上相同，而在行動能量場卻比自己還強的人。這個時候，豬族需要進行的是組建擁有共同價值觀和步調的團隊，那是一種系統化的模式，為的就是避開「官符星」的干擾。值得提醒的是，由於在太歲氣場中豬族的家庭運勢能量明顯不足，需要執行補強的策略。居家環境的整理是必須的，而到位的旺宅風水布局更需要用心執行，畢竟「家」是豬族2023年的好運磁場製造廠（風水布局請參考「開運風水」）。

由於健康運勢也在需要提醒的條列中，原因是「白虎星」值歲，除了在「正東方」擺放「帝王水」外，建議為自己安排整體性的健康檢查，還有捲起袖子捐出鮮血，除了救人種福田，最重要的是「一紅化九災」。

事業運勢

「不要浪費每一個危機。」這是邱吉爾的名言。應用在經過幾年疫情肆虐後的目前格外有感，再加上豬族的事業星在2023年氣勢並不理想，因此有了一種窮則變，變則通的感覺。最重要的是，由於流年太歲中的學習星與創造星，同時和機會星產生共鳴，對於事業因為疫

情而不得不轉型的企業豬族而言，這是個絕佳脫胎換骨的機會。

對於一般豬族而言，值得掌握的是學習星的福祿態勢。換言之，只要豬族展開學習之路，則新的事業生命有機會獲得開拓。商務買賣事業的豬族，需要搭配的開運色系是紅色，並且是大紅色。上班族則以白色或金黃色為主要開運色系，容易獲得貴人的幫助。

 ## 財利運勢

花在自己身上的才是錢，有人這麼說。也有人說，存下來的才是你真正的財富。更有人說，錢沒有不見，我只是把它變成我自己喜歡的樣子。不論哪一種說法，對於豬族2023年的財利運勢而言，都是一種有意思而貼切的描述。

這是個財源吉星明顯，而財利吉星等待開發的流年。換個角度來說，那就是想要賺錢旺財，就必須動起來。你不理財，財不理你，投資求財從學習技巧與策略開始。異業結盟則是商務豬族的旺財好策略。

整體而言，豬族的財富以夏季最為活絡，不過春天是布局的季節，農曆九月見好便收，冬天收起荷包好過年。投資標的宜以能源、電池、光電設備、生物科技等概念股為佳。

 ## 情緣運勢

有愛的世界是美麗的，多采多姿的。不過當邱比特的箭射偏的時候，寧可將生活焦點擺放在如何做好事業，以及如何賺錢才務實。單身適婚豬族宜謹慎面對今年出現的對象，慢慢交往過了今年再說不

遲。已婚或已有伴侶的豬族，值得分享事業的喜樂與挑戰，極容易因此獲得自我啟發的機會。

　　家庭是豬族的開運重要元素之一，因此家庭風水布局好，流年運勢沒煩惱。該成家的豬族，時間到了，時機成熟了，就別再猶豫了。倒是要提醒男士們，最好謹慎面對與異性的互動，擦槍走火的結果是不好玩的。

　　正北方是今年的桃花位，同時也是豬族的本命桃花位，居家和辦公室正南方長年維持一盆鮮花，或是擺放粉水晶或黃金虎眼石，對於人緣和財源具有同時提升的作用。

開運風水

　　機會星明顯，貴人活絡，事業與財運蓄勢待發。整體而言，這是個幸運的流年。只不過，由於太歲氣數中缺乏了提供穩定的元素，因此容易有一種後繼無力的感覺。這個時候家庭和辦公室風水布局就格外的重要。

　　豬族的本命五行屬水，本命方位在西北方，因此金和水是吉利五行，而西方、西北方和北方則是本命幸運方位。

　　癸卯年太歲五行是由水木所構成，對於豬族而言，是一種人脈與機會同步活絡的流年，因此適宜合作開創機會。不過可惜代表收成的元素十分匱乏，因此需要補強。西方和西北方是需要加強布局的位置，可擺放白水晶球或是文昌塔燈。建議隨身攜帶黃金虎眼石平安扣，如意也是理想的珮飾。

流年運勢亮點顏色與方位：綠色、藍色、黑色。東方、東南方、北方。
流年運勢幸運點顏色與方位：白色、金黃色、紅色。
**　　　　　　　　　　　西方、西北方、正南方。**
流年貴人生肖：虎、兔、猴、狗。

屬豬各年次流年運勢

1995年的豬（民國84年，乙亥年，29歲）

　　成功除了盡力，還需要借力。對於年輕的豬族而言，謹記「天助自助」與「人助自助」的古訓，因為老天爺只幫助願意盡力幫助自己的人，而身邊的朋友也是如此喔！

　　整體而言，這是個幸福的流年，因為「本命祿星」、「將星」與「太歲星」出現了共振現象，進可攻退可守的境界需要獲得營造，事業運、財富運、情緣運和家庭運都是如此。讓這些磁場獲得有效啟動的最佳模式就是學習。

1983年的豬（民國72年，癸亥年，41歲）

　　朋友易得，知己難求。2023癸卯年是豬族的生命中難得的人脈磁場最為活絡，氣場也最為正向的一年，而且是60年一次，值得豬族用行動來掌握太歲星的美意。

　　合作的機會十分明顯而活躍，不過所有的合作案件都必須是豬族熟悉的領域，具有主動運作能力的項目，盲目跟隨則浪費了流年好能量。這樣的流年，財運是一起開發的，向上鏈結，向能量強的朋友學習。財運與事業運都理想，唯獨愛情運勢則以回歸現實面為宜。

1971年的豬（民國60年，辛亥年，53歲）

　　智慧生財，掌握機會營造財富，這些都是太歲星提供給豬族的流年禮物。換個角度來說，這是個只要有想法，給予了作法，就有機會

營造財富的一年。換個角度來說，這一年要維持不斷地活動，學習與轉型是事業上的必須，而聚焦標的則是投資求財的理想策略。

整體而言，動有餘而靜不足是這一年的提醒，因此所有的「動」都應該需要依照計畫，而投資求財也需要保留「本」的健全。男士們婚姻運頗佳，女士們有機會享受愛情。

1959年的豬（民國48年，己亥年，65歲）

財官相生的流年，再加上三合太歲將星，對於事業心較強的豬族來說，這是個值得期待的流年。只不過此種事業格局屬於斜槓族的「異路功名」，是一種新型態或新事業的出發，因此大利第二春事業的豬族，或是已享受退休卻可以用志業的方式進入志工的行列。

不過值得提醒的是，該讓自己休息的時候就別再執著。留一些時間留給家人和自己，對於整體運勢有極大的幫助，尤其是健康的部份可以獲得較多維護與提升。財利運勢頗為理想，只不過該讓金錢回饋自己的時候，就請豬族不要猶豫，許多時候花在自己身上的錢，真的才會是真正而有感的錢財。

1947年的豬（民國36年，丁亥年，77歲）

做個幸福而快樂的老人，就是給自己最好的新年禮物。也許豬族不喜歡聽到或提到「老」的字眼，不過永遠別忘了那是一種歷練的尊敬。從太歲五行氣數來說，豬族是自己兔年的流年故事的導演。因為容易出現不自覺得偏執，自己沒感覺，卻容易讓身邊的親人朋友感到疏離，因此有必要給自己一個新故事的新角色，並且學會抽離欣賞這個角色。另外，由於自己是家庭氣氛的營造者，因此居家風水要從喜悅的互動與關懷開始。

屬豬流月運勢

宜謹慎面對的月份：四月、七月、十月、十一月、十二月

正月 運勢（國曆2/4～3/5）

六合吉星照拂的新春之月，自然吉利非常，這是個出發磁場強烈的月份，一年之計在於春就是此種氛圍。對於未來的一年設定目標與計畫，讓太歲三合和將星同時併臨的癸卯年，成為豐盛的一年。本命文昌星氣勢活絡，廣結善緣積累貴人的最好策略就是勤快地拜年。

二月 運勢（3/5～4/5）

太歲之月，一般來說是大好大壞的月份。不過對於豬族而言，由於是本命三合與將星同步之月，因此是吉利的，是值得為事業布局打拼的。本月財氣頗為豐富，投資求財有利可圖。男士們宜謹慎面對情緣事務，不是你的菜就別掀那個蓋。

三月 運勢（4/5～5/5）

歲害星主事，對於整體大環境而言，這是個需要謹慎的月份，除了避小人，還有避免功虧一簣。不過對於豬族而言，卻是吉利的。月德吉星和紅鸞吉星照拂，貴人氣是豐富，人緣、情緣運勢也同步活躍，再加上偏財星氣勢頗佳，商務買賣與業務行銷都值得努力。

四月 運勢（5/5～6/6）

本命六沖月，諸事不宜。太歲驛馬星主事，再加上金錢星氣勢旺盛，投資市場有利可圖，但對於豬族而言，卻是需要更多的謹慎。男士們依舊宜謹慎面對情緣事務，本月不利嫁娶。五鬼星職月，謹言慎行，犯小人的結果是會破財的。

五月 運勢（6/6～7/7）

太歲五合星主事的月份，按理說應該是吉利的，不過可惜的是，由於「歲絕」與「歲刑」同步上場，在外面奔波的豬族需要更多的謙卑，以免遭遇無妄之災。女士們的情緣運勢雖佳，不過嫁娶事務還是避之為宜。職場事務運勢佳，宜勇敢承接不可能的任務。

六月 運勢（7/7～8/7）

三合吉星照拂之月，再加上才華星明顯，職場上的努力容易獲得預期中的肯定。對於想轉型的企業豬族，這是個值得嘗試的月份，因為進可攻退可守。不過由於月犯「白虎」，宜安排健檢或捐血事宜，一紅化九災。愛情事務，不處理是最好的處理。

七月 運勢（8/7～9/7）

是豬族的「六害月」，同時也是傳統的鬼月。不過對於豬族而言，只要轉化得當，這是個十分吉利的月份。癸卯太歲中豬族最需要的就是「金元素」，七月金氣旺，運氣自然理想。建議隨身攜帶黃金虎眼石平安扣或葉子造型珮飾。

八月 運勢（9/7～10/8）

金氣旺盛之月，依舊是豬族的幸運月。只不過由於正逢「歲破」，大環境的變數還是不宜掉以輕心。中秋節是月圓人團圓的節日，家庭風水環境與和樂氣氛的營造是必須的，一年一度的開運機會也需要掌握，中秋節晚上記得要祭拜龍德吉星，讓下半年運勢更好更旺。

九月 運勢（10/8～11/7）

太歲六合月，按理說應該是吉利的，不過由於同時也是歲煞月，這個月的事務執行有必要避重就輕。雖然如此，這個月的財氣是豐富的，投資求財見好便收，合資買賣宜擬妥遊戲規則。男女豬族都需要謹慎面對異性的互動。健康養生事宜，需要多用心。

十月 運勢（11/7～12/7）

本命月，大好大壞。雖然「歲合星」釋放祝福的氣場，不過由於

月犯「血刃」和「白虎」，本月宜提防血光之災，捐血是最為理想的化煞策略。雖然如此，由於人際關係磁場十分活絡，本月大利廣結善緣，因此宜積極參加社團聚會。

十一月 運勢（12/7～1/5）

桃花星主事，再加上「歲祿星」陪伴，這是個吉利的月份。雖然「天德星」與「福星」高照，對於嫁娶事務而言，還是避之為宜。貴人氣息充滿的本月，又即將進入歲末年終，廣結善緣的功課不宜停歇。值得提醒的是健康的部份，宜多費心思避免接下來的病符干擾。

十二月 運勢（1/5～2/4）

健康是本月的重要課題，沒事多喝水。人際關係的能量十分低，低調與謙卑是人際關係互動的重要思維。歲末年終在準備迎接新春的同時，別忘了為關鍵人準備感謝一年來照顧的謝禮。月犯「喪門」，參加弔唁請隨身攜帶一包粗海鹽。

癸卯年

東方
古星座

先放下，
才有機會拿回想要的

人生有幾個20年，而240年才出現一次的人生大革命，大蛻變，你會想知道如何執行嗎？

常說當不能改變環境的時候，就改變自己，而當環境出現大轉變的時候，更要加緊腳步跟著蛻變。

斷捨離不只是生活上的自理，而是時代巨輪所釋放出了訊息，放下布袋，何等自在。

2023年的天星現象出現了巨大的轉變，冥王星從待了20年的山羊（魔羯）座，轉移到寶瓶（水瓶）座，從嚴謹的位置轉移到革命的地方，這是一種權威式的移轉，也是改朝換代的寫照，如果你還沒有做好準備，很可能就會遭到「大轉變巨輪」的碾壓。

2023年3月24日冥王星過宮，開啟了革命的新時代，對於想洗心革面或改頭換面，抑或期望逆轉勝，甚至想更成功的人而言，這是個大好機會，就先從「放下」開始，唯有先放下才有機會再度拿起。5月1日冥王星將會進入逆行，6月11日冥王星逆行回到山羊（魔羯）座，10月10日才會恢復順行，在這段期間我們要做的是調整，做好整理後再出發，迎接未來20年大轉變之後的大榮景。

土星在寶瓶（水瓶）座待了兩年半，這個社會充滿敢怒不敢言的氣氛，疫情就是最大的無奈，3年了一籌莫展。這顆壓力球將於2023年3月7日離開寶瓶（水瓶）座進入雙魚座，代表的是人們可以開始大

展身手，迎接冥王星世紀的來臨，進行「改朝換代」式的大革命、大轉變、大蛻變。

木星於2022年12月20日進入白羊（牡羊）座，以超級快的速度走完原來一整年時間才能走完的路程，只花了148天一口氣在5月17日就離開白羊（牡羊）座，進入金牛座之後於9月4日才出現歇息性的逆行。代表的是，任何想法、任何希望或願望，都要在5月17日之前計畫，並且落實。

由此可知，2023將會是個忙碌的一年，卻也是極有意義的一年，時代在轉變，世界在轉變，幸運的我們也在蛻變。十二星座的蛻變點大不相同，請看官們仔細閱讀。

2023年星座運勢前三名：
❶ 白羊座
❷ 金牛座
❸ 雙魚座

白羊座（牡羊座）03月20日～04月20日

ARIES

豁然開朗，如意順遂

幸運顏色：橄欖黃、葡萄紫與芥末綠。
幸運物：葡萄石、虎眼石、天竺葵。
幸運數字：0、3、5、8及其組合。
吉利方位：正東方、東北方及東南方。

人生悠長，苦樂無常。人生難得蛻變，就出現在這一年。有人說，人生3年一變，也有人說10年一變，而出現在今年的則是20年一變，就來個徹底改變吧！

◆ 流年運勢 ◆

　　人生的重大變化並不多見，對於白羊而言，最直接的轉變部份就是事業，以及走出既有人際關係領域和壓力。這是一喜一憂的訊息，憂的是雖然職場上的壓力獲得了舒緩，不過這個已承襲了20年的共業，很難在一時半刻就獲得轉變，因此上半年趁著空檔積極成長，以便承接下半年席捲而來的機會與壓力。喜的是，人際關係與人脈磁場出現了豁然開朗的轉變，壓抑兩年半的鬱悶終於解開了，代表白羊們有機會向上鏈結，這是另一種成長與蛻變，就從結識的新人脈開始。

　　太歲星將會在5月17日離開白羊座，這個行色匆匆的太歲星提供了白羊們整整半年的好運時光，就算沒有心想事成，也會是如意順遂。只不過此種好光景將會在5月17日之後結束，白羊們務必珍惜這千載難逢的好時光，積極學習，掌握住機會開發人脈，企業白羊則宜順勢讓事業進入轉型狀態，後疫情時代的機會將會出現在上半年，否則就要暴殄天物辜負太歲星的美意了。一般白羊要落實的是做好因應後疫情時代的本事與策略。

◆ 事業運勢 ◆

這是個將會出現巨大變化的流年，守護了20年的事業星將於3月離開，最直接感受的應該是如釋重擔。不過下半年，有些事務還是容易出現老戲重演的情況，因此想要避免重蹈覆轍，提升自己的事業價值觀，以及職場專業才是當務之急。事實上也是如此，整體而言，世界上最大的貴人就是自己，唯有自立自強，才有機會天助自助。

◆ 財利運勢 ◆

靠本事賺錢雖然辛苦，但穩定而自在。尤其是在商場壓力大到不行的今年，即便是經商買賣也需要本事與本領。整個大環境都在轉變，實體生意到了線上，店面購買也轉到了網路商場，但對於白羊而言，老本行才是踏實的選擇。股票市場宜以保守為先，儲蓄型、法人與護盤、生技、車用電子等概念股值得關注。

◆ 情緣運勢 ◆

紅鸞星動之年，情緣運勢自然理想，不過由於白羊們的流年關鍵星盤中的婚姻宮與愛情宮位都處於空宮狀態，因此即便有了太歲星的照拂，也還是需要白羊們的努力。單身適婚也想婚的白羊，這是個值得用心經營的一年，美好姻緣正等待白羊們開發。家不是講理的地方，已有伴侶的白羊，需要更多的耐心與關懷，就從學會聆聽開始。

◆ 健康運勢 ◆

健康星流年磁場並不理想，養生的訊息有必要多吸收，而良好的情緒管理是關鍵，心血管與血液方面的健康管理宜格外用心，熬夜是健康最大的殺手。有必要將居家環境清理一番，引進陽光和空氣，並且定期消毒，家人都健康才會是最大的幸福。降低應酬的機率，也最好將口罩戴好戴滿。

白羊座流月運勢

運勢較為理想的月份：1、3、5、7、11與12月。

01月 運勢★：四星匯聚在事業宮的本月，事業的運作宜多用心思，值得努力，因為辛苦有成。對於有意更換跑道的白羊來說，這是個值得嘗試的時段。

02月 運勢：理所當然的思維不適合出現在本月，尤其是投資求財方面，不是敢賭就一定會有收穫。愛情運勢需要多用心。人多的地方不要去，新春宜努力拜年。

03月 運勢★：貴人磁場明顯的本月，最值得努力執行廣結善緣，積累貴人籌碼。本月不適合重大的變化與異動。職場壓力雖然大，成就也容易創造。

04月 運勢：換個心情看世界，世界的美麗會更絢爛。這是個最為理想的自我成長月，就從努力學習開始。財利運勢並不理想，投資求財宜謹慎。

05月 運勢★：職場壓力不宜忽視，重新整理自己的事業價值觀，容易重振雄風。謹言慎行是本月的必須，可免無謂口舌之災。家庭運勢頗佳，搬家、修造和購屋都值得執行。

06月 運勢：危機的背後往往都伴隨著轉機，6月的星空並不吉利。財

利、家庭、夥伴互動和事業運勢容易遇到瓶頸，放慢腳步，以時間代替空間，轉機將隨之浮現。

07月 運勢★★：家庭運勢有了木星的合相十分理想，重要事務值得擇吉執行，搬家、入宅、修造與購屋都十分吉利。愛情運勢需要多費心思，從調整心情開始。

08月 運勢：健康磁場出現變化，穩定的情緒與作息十分重要，別累過頭了。投資求財宜謹慎，多觀察，少動作為宜。愛情事務不處理是最好的處理。

09月 運勢：壓力是無形殺手，舒緩才是正確抉擇。當工作遇到阻礙的時候，最明智的策略就是休息一下。溝通也是如此，以退為進，反而讓彼此都有喘息空間。

10月 運勢：眼中有貴人，處處都是貴人。人際關係的功課不容易，火冥月的三刑會沖，指出了白羊們職場考驗的難度。合作案件稍安勿躁為宜。

11月 運勢★：謹慎理財，金錢支出多給自己三分鐘，投資求財保守為宜。貴人磁場十分明顯，有一種心想事成的徵兆，願有多大力量就有多強，職場瓶頸容易突破。

12月 運勢★：生活中沒有所謂的理所當然，只要有心，多給自己一些時間和空間，危機往往跟隨著轉機。這是個有機會化不可能為可能的月份。

廣結善緣，心想事成

幸運顏色：咖啡色、紅色與秋香綠。
幸運物 ：紫水晶、紫羅蘭。
幸運數字：0、4、8、9及其組合。
吉利方位：東南方、正南方及東北方。

這是個幸運的流年！因為「四星匯聚」的現象出現在金牛們的「心想事成」宮位。迎接這一年除了要大膽許願，還要積極規劃新希望。

◆ 流年運勢 ◆

　　守護星回到本命星座的現象，並不是每一年都會出現的。金星在流年關鍵盤中，不但回到本命星座，同時還帶來了剛過宮的土星祝福，代表這將會是貴人滿滿的一年。而這個土星同時還化解了金牛們的劫財劫數。

　　整體而言，這是個心想事成的流年，因為有了太歲星的加持，對於一整年的好運勢最好先做好規劃與布局，否則幸福與好運不會自然產生的喔！

　　另外一個值得加把勁用心的就是廣結善緣，並且是真誠的友誼互動。流年關鍵星盤中，重量級行星守住了人脈交友宮位，並且釋放紓解財運困象，代表金牛們不但要廣結善緣，還要廣泛學習，向朋友學習，而這些朋友都是專注在自己領域的堅持者。值得一提的是，這一年的廣結善緣不是吃吃喝喝，而是彼此學習，彼此相互提供資源的互動。

　　冥王星進入金牛們的事業宮位，雖然出現了來來回回的現象，不過上半年的正向能量提升了金牛們的自信心，一個人的運勢好壞來自於內心世界，是不是很偉大。金牛們的2023是個偉大的一年，心智上的偉大可以多一點，財務上的變化則有必要小一點。

◆ 事業運勢 ◆

事業宮位開始注入冥王星的能量，這是20年才有一變的現象，雖然這一年的冥王星還是處於來來回回的狀態，不過5月1日之前的運作有機會營造10月之後未來20年的大好事業運。

心在哪裡，世界就在哪裡。這裡的「心」指的是「計畫」與「目標」，冥王星合相了心智宮位的水星，代表這一年的計畫是屬於機動性的，先畫了靶，再來瞄準目標，並逐步調整方向、力道。

◆ 財利運勢 ◆

火星帶來的是強大的能量和行動力，對於金牛而言，這是非常需要的能量，只不過必須透過守紀律的方式運作。對於企業財務而言，代表的是仔細規劃，按照計畫行事，需要調整則必須整體檢視與討論。

設妥區間確實執行是守紀律的一種，而定時定額投資則是另一種紀律，對於金牛而言比較適合第二種。投資標的以儲蓄型、成長型、避險、原物料、指數型等概念標的為宜。

◆ 情緣運勢 ◆

對於情緣而言，這將會是個糾葛的一年，然而只要不在價值觀或理財方式上出現爭議，則這會是個平順喜悅的流年。情場的確需要一些心思與情緒，不過當專注在事業上的時候，情場的無奈容易在職場上獲得補償。事業運勢順遂了，金錢的爭議少了，「愛」自然會成為幸福的故事。

◆ 健康運勢 ◆

過勞！什麼是過勞？這個健康的無形殺手，披上成就的外衣真的很難提防。流年關鍵星盤中，冥王星對於健康星並不友善，這是一種容易遭受職業傷害的天星訊息，化解之道在於閱讀、學習、交朋友和短程旅遊。換言之，多給自己舒緩的時間，健康容易創造期望中的財富。

金牛座流月運勢

運勢較為理想的月份：1、3、5、8、10與11月。

01月 運勢★★： 重要的抉擇與異動，請在18日之後再來定奪。四星匯聚在資源宮位，學習是最為理想的開運策略。貴人明顯，偏財運勢亦佳，合作有機會放大成就與收穫。

02月 運勢： 好奇害死貓，直覺害死真相。放慢步伐，職場上打拼的節奏不妨鬆一下，體驗一下退一步海闊天空的感覺。貴人磁場明顯，聆聽是吸收磁場的好策略。

03月 運勢★： 三星匯聚的事業宮，7日之後因為冥王星的進駐會更精彩。不過重大抉擇與異動，還是稍安勿躁為宜。貴人磁場依舊明顯，建議聽聽別人怎麼說。

04月 運勢： 財利運勢頗為理想的本月，值得將生活焦點擺放在賺錢的機會和點子上，生活的雜音干擾層次將會因而降低。一動不如一靜，靜觀其變容易找到機會的蹤跡。

05月 運勢★★： 三星匯聚，太歲星將於26日造訪金牛，金牛們要開運了。15日之前，對於重要抉擇與異動，還是需要謹慎以對。貴人磁場頗佳，大利廣結善緣。

06月 運勢： 先處理心情，再處理事情。大四角天象，對於金牛而言，

是利不是弊。學習如何面對危機，勇敢接受，才有機會逢凶化吉並成為養分。

07月 運勢：守護星將於22日進入逆行，在這之前的日子是吉利的。人脈磁場十分理想，大利廣結善緣積累貴人籌碼。家庭重要事務，稍安勿躁為宜，尤其是購屋之舉。

08月 運勢★：愛情運勢頗為理想，單身適婚金牛值得放慢步伐，讓姻緣機會跟上腳步。人云亦云是本月的忌諱，而此種現象不只是投資求財，職場事務也是如此。

09月 運勢：健康磁場並不理想，生活的節奏以合乎養生模式為宜，人多的地方不要去，否則防疫措施一定要做好做滿。本命主要運勢架構是理想的，樂觀慷慨是啟動好運勢的元素。

10月 運勢★★：以不變應萬變，本月不適合創造驚奇，尤其是愛情領域。貴人氣勢明顯，順勢而為像極了風箏。職場異動機會出現了，也該順勢掌握喔！

11月 運勢★★：三星匯聚在夥伴宮位，這是個需要修煉溝通的月份，就從耐心聆聽開始。開運風箏依舊翱翔，廣結善緣，抱持喜悅的心，像極了愛情。

12月 運勢：謹言慎行，不是為了避口舌，而是為了健康，因此應該是提防「病從口入」。異動的機會看起來不怎麼樣，其實契機藏在細節裡。

雙子座（05月21日～06月21日）

謹言慎行，建立人脈

幸運顏色：紫色、駝色與祖母綠。
幸運物：螢石、虎眼石與蝴蝶蘭。
幸運數字：2、3、8、9及其組合。
吉利方位：正南方、西南方與正東方。

人生的可能性比你想像的還要多，不一定要遵循舊有的束縛，有機會就該走出屬於自己的路。就是這樣的流年，這一年的強大能量讓雙子有機會裂變。

◆ 流年運勢 ◆

　　成功靠的是借力，而不是盡力。從流年關鍵星盤中火星主導雙子們的整體運勢看來，這句老生常談恐怕還是要作為流年趨吉避凶的提醒。四星匯聚出現在雙子們的流年人脈宮位，熱情和慵懶都不會是理想的策略，反而是一步一腳印的務實，這是一種積累群眾人脈資源的寫照。

　　有一股衝動是很想走出自己的路線，用自己的方式過自己選擇的生活，這股衝動極容易在3月之後逐步實現。不過從天星角度觀察，建議雙子們再行動之前不妨先給自己足夠的學習，底子夠厚夠穩，才能夠不鳴則已，一鳴驚人。

　　守護星在2023年一共出現4次逆行，對於雙子而言，這些期間不僅僅要謹言慎行，還要提防當下的運勢的變數。第一次逆行2022年12月29日至2023年1月18日，宜提防投資方的變數。第二次逆行自2023年04月20日至2023年05月15日，宜避免先入為主的思維。第三次逆行自2023年08月23日至2023年09月15日，家庭方面的重要事務謹慎為宜。第四次逆行影響較大，

自2023年12月13日至2023年12月23日，人脈磁場與合作方面宜提防遇人不淑，同時也需要謹慎理財。

◆ 事業運勢 ◆

後疫情時代，鮮少事情沒有遭到改變的，事業環境就是如此。巧的是，2023年冥王星的過宮，讓雙子們有機會對於事業進行脫胎換骨式的轉變。只不過前提必須是不過度消耗資金，以及掌握住趨勢不盲從，企業雙子如此。一般雙子則要提升自己的專業競爭力，即便斜槓也要比別人專業。

◆ 財利運勢 ◆

投資行星的流年能量並不理想，雙子們務必規避來自於政策與地緣關係的利空效應。國際財經趨勢、匯率與外資法人動向需要仔細觀察。整體而言，這是正財的流年，本業宜多用點心思，股市投資順勢靈活為宜。備足現金先，而標的的選擇宜以政策、通膨、金融、車用電池等概念股為佳。

◆ 情緣運勢 ◆

如果愛情和事業只能選一項，建議雙子們選擇事業。職場得意，情場未必會失意，但精神一旦專注在情場，職場的發展容易受到影響。已有伴侶的雙子則另當別論，因為夫妻同心，齊力斷金。太歲星的步伐十分快速，5月17日就快速過宮進入雙子們的幸運宮。下半年整體運勢容易獲得提升，愛情運勢更是如此。

◆ 健康運勢 ◆

確診，對於未來的一年應該不會是陌生的名詞。許多人雖然自我保護很嚴謹，不過還是照樣中鏢，因此同步需要執行的應該就是免疫力的提升了。對於雙子而言，由於火星在流年關鍵星盤的影響，因此務必留意飲食與作息的正常，降低應酬機率。其實，情緒管理也是讓身體更健康的重要一環。

雙子座流月運勢

運勢較為理想的月份：1、3、5、6、8與10月。

01月 運勢★★：新年快樂！本月偏財運勢頗佳，元旦後，農曆過年前加把勁，應該會賺個飽飽的紅包過好年。不過18日之前的水逆期間，還是要注意款項的收受。

02月 運勢：不宜出遠門，這種提醒很尷尬，因為正巧是農曆年長假。做好萬全準備，健康和車輛狀況都OK才出門。年前先到廟裡拜拜，既先安太歲，同時也祈求平安。

03月 運勢★★：這是個吉星高照的月份，星空晴朗，三星匯聚出現在偏財宮，商務買賣與業務行銷都值得努力。不過事業異動與重要抉擇，還是稍安勿躁為宜。

04月 運勢：先入為主和預設立場都不會是理想的行事風格，而人云亦云更是糟糕。本月雙星與負能匯聚在心智宮位上，放開心，神經放大條一些有益無害。

05月 運勢★：水逆從上月20日開始到本月15日，心開運就開，值得雙子們參考。26日木星要進入貴人宮位，屆時積極執行廣結善緣策略，容易開啟好運勢與貴人磁場。

06月 運勢★：乍看之下似乎不吉利，再仔細觀察，發覺星空中充滿著

轉機的能量。遇到了事情先別急著生氣與表態，因為轉機就在下一個轉角處。

07月 運勢：謹言慎行，因為言多必失，即便是忠言也是如此。許多事情不需要急於一時，雖然如此，重要事務還是要在上半月啟動，因為金星將於22日進入逆行。

08月 運勢★：一隻風箏在星空翱翔，雙子們的事業運要起飛了。對於事業上的重要事務，最好在月中之前定案與執行，因為22日之後守護星將會進入逆行狀態。

09月 運勢：守護星的逆行將會延續到本月15日，本月的行事作為保守為宜，人際關係的維護也需要用心，行車安全也需要多費心思，酒後不開車，疲勞也不要駕駛。

10月 運勢★：本月10日冥王星恢復順行，雙子們的偏財運也回神了。一隻風箏翱翔在雙子們的事業宮領空，再難的事務和瓶頸都有機會在本月獲得化解。

11月 運勢：靜下心，靜下心，靜下心，很重要所以說了三次。雖然風箏繼續翱翔，不過心情氣流卻不穩定，健康也容易受到影響。靜下心，世界會隨之祥和。

12月 運勢：年底了，守護的第四次逆行出現在13日之後。人際關係與健康都需要多費心思。不過也出現了一種轉機的訊息，因此小心飛過低氣壓，美麗風景就在前方。

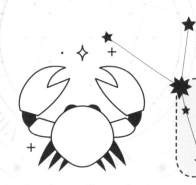

CANCER 巨蟹座（06 月 21 日～ 07 月 22 日）

掌握機會，積極學習

幸運顏色：璧璽綠、紅色、大地色。
幸運物：紫水晶、黑曜石、蝴蝶蘭。
幸運數字：0、2、3、4 及其組合。
吉利方位：正南方、西南方、正東方。

十分關鍵的一年，這一年做對了決策與行動方向，將會有 20 年的好運勢等著巨蟹們去承接。巨蟹們知道那是什麼嗎？歡迎耐心看完本篇陶文東方古星座運勢分析。

◆ 流年運勢 ◆

改變性格，改變命運。應該說能量超強的行星改變了宮位，生活上的專注領域隨之改變，性格也將會因而變化。對於巨蟹座而言，此種轉變是吉利的，從靜態到動態，從被動到主動，星座性格完全讓這 20 年才會出現一次的「冥王星過宮」現象給徹底改變了。（註：過宮，就是行星轉變宮位。）

首先，金錢的概念轉變了，突然間「你不理財，財不理你」的概念提升了，只差沒有大聲說出「就是要有錢」。此種現象 2023 年 3 月底會更加明顯，接下來的一年將會以試水溫的狀態發展，巨蟹們做好準備，該學習的積極學習，該掌握的機會勇敢掌握，2024 年以後的 20 年將會是巨蟹們夢想中的偏財大運年。不過需要提醒的是，巨蟹們最好還是維持務實的特質。任何機會的掌握都有必要依照計畫行事，突然間出現的消息和感覺值得掌握，經過釐清與規劃之後再行動，巨蟹們的好運勢將會邁向逐步完善的境界。

四星匯聚的現象出現在學習宮位，今年的亮點就在於學習與蛻變，任何開卷都有益，每天進步一點點，幸福快樂到永遠。

◆ 事業運勢 ◆

工作行星以罕見的方式一路執行，2022年12月20日進入事業宮位之後，一路無阻地順遂於2023年5月17日離開，下一站就是得到社會認同的宮位，代表得到了期望中的社會地位與肯定。對於巨蟹座而言，這是個值得加倍努力的一年，學習加行動，再加上太歲星的祝福讓上半年的辛勞如數換回成就，下半年的名利雙收水到渠成。

◆ 財利運勢 ◆

「如果你沒辦法在睡覺時也能賺錢，你就會工作到死掉的那一天。」這是巴菲特的名言。對於巨蟹座而言，2023年將會是個超強的偏財啟動年，雖然這一年有點辛苦，不過一旦辛苦布局完之後，接下來2024年之後的20年財富就有機會不斷成長。投資求財的部份，最適合的標的將會是持續積累的被動收入標的，例如房地產、指數型、避險基金、網通、電商等概念股。

◆ 情緣運勢 ◆

2023年的流年亮點在事業與生命的蛻變與升級，愛情成為了非第一線功課。古有明訓，書中自有黃金屋，書中自有顏如玉。對於巨蟹們的2023年而言，「書」其實已經被「事業」給取代了。對於單身適婚的巨蟹而言，接下來的未來將會是先「立業」再「成家」。換個角度看世界，換個方式布局期待中的幸福，幸福的樣貌將會更美滿。

◆ 健康運勢 ◆

仔細想想這是什麼樣的景況，那就是健康星以輕快的步伐漫步在事業宮位，代表的應該兩種訊息，一是與健康有關的事業容易獲得成就，另一個是在事業上容易找到屬於自己的健康。不論是哪一種，代表的磁場是正向的，對於巨蟹而言，2023是個幸運的流年，健康星和事業一樣活絡。

巨蟹座流月運勢

運勢較為理想的月份：2、3、6、7與10月。

01月 運勢：四星匯聚在巨蟹的夥伴宮位，水逆也在其中，重要的合作案件最好18日以後再說。生活伴侶之間的溝通，則需要更多的耐心，就從聆聽開始。

02月 運勢★：人多的地方不要去！除了人多嘴雜，最重要的是影響了財運，換言之團購之舉多想想的好。不過事業運勢頗佳，機會出現了就該極力掌握。

03月 運勢★★：行動磁場超強的本月，上個月的機會掌握住了，這個月就該積極行動。貴人磁場十分明顯，合作借力使力的好時機，不過必須建立遊戲規則。

04月 運勢：人間四月天，本月的運勢亮點在於事業。既然是亮點，那麼就該循序漸進地運作，最怕呷緊弄破碗。20日的日環蝕和水逆，重要吉事有必要規避之。

05月 運勢：水逆從上月20日開始至本月15日，事業上的重要抉擇稍安勿躁。這個時候最該避開的是「因人設事」，以及「人云亦云」，停下腳步仔細檢視再出發為宜。

06月 運勢★★：金星巨蟹，貴人磁場加持，這是個談笑用兵的月份。

放下是為了下一次的舉起，本月巨蟹們宜安排疏放式的旅行，徹底放電才有機會再次充電。

07月 運勢★★：巨蟹之月，水星會相，木星合相，土星加持，這應該是巨蟹們今年最幸運的月份。貴人明顯，事務順遂。不過還是要提出謹慎理財的提醒。

08月 運勢：謹慎理財的提醒，本月還要持續，尤其要避開不信邪的投資行為和情緒性消費。不過幸運的是，貴人磁場依舊明顯，宜積極廣結善緣積累貴人籌碼。

09月 運勢：水逆從上月的23日開始，至本月15日。巨蟹們需要謹慎面對人際關係的互動，多讚美少建議為宜。投資求財也需要謹慎，多看少做是智者之舉。

10月 運勢★：貴人磁場十分明顯，行動力也出現了起飛的能量。只不過在重要抉擇與異動之前，還是需要多聽聽不同的意見，如此才會飛得更高、更遠。

11月 運勢：雖然三星匯聚，不過投資運勢依舊不理想，以靜制動是本月需要的趨吉避凶。投資求財也需要謹慎，同樣需要靜觀其變的建議，即便出現迷人機會也是如此。

12月 運勢：健康磁場並不理想，健康需要多費心思，就從拒絕過度勞累開始。幸運的是，由於貴人磁場十分豐富，因此勤快參加朋友聚會，壓力有機會獲得紓解。

獅子座（07 月 23 日～ 08 月 23 日）

主動出擊，積極開創

★ 幸運顏色：碧綠、駝色與紫色。
★ 幸運物 ：葡萄石、紫水晶、風信子。
★ 幸運數字：2、4、5、9 及其組合。
★ 吉利方位：正南方、西南方、東南方。

你是誰雖然重要，不過最重要的還是跟誰在一起。冥王星帶給獅子們的是強大的貴人能量，有機會晉身高端人脈領域，就從走出既有人脈領域開始。

◆ 流年運勢 ◆

人脈就是錢脈！是的，不過應該是真正的人脈，屬於高端人脈，並且是真正可以幫助到自己的錢脈資源，甚至也是所謂的貴人。

2023對於獅子而言，就是一個可以向上鏈結的流年。水往低處流，人往高處爬，向上鏈結也許很像攀龍附鳳，不過當流年運勢出現此種強大能量的時候，也代表獅子們的能量是可以和這些高端人脈相匹配的。事實上就是如此，當緣份俱足就該主動出擊，積極開創。

冥王星在2023年3月將會離開待了20年默默付出的位置，轉移到獅子座關鍵人脈的宮位，重量級行星啟動的自然是強大的高端人脈，同時也帶給獅子們一種能量，那就是有機會更換社交群，比現在更強，更豐沛文化能量的社交群，而最好的策略則是組建具有獨特互助特質的團隊。

「我不是巨人，但我可以站在巨人的肩膀上」，和比自己更優秀，更厲害，更有能力的人合作與學習，就是提升自己生命層次的開始。冥王星3月24日進入貴人宮位，5月1日開始逆行，這段期間是人脈經營黃金期。冥王星於6月11日逆行回到獅子們為生活奔波的宮位，這個時候是無暇耕耘人脈

的。10月10日恢復順行，當前面功課都執行了，2024之後的20年好運就會逐漸浮現。

◆ 事業運勢 ◆

工作運升級了！升級到了合作的境界，2023同時也會是獅子們事業升級的流年。流年關鍵星盤中的事業宮出現了吉利而正向的轉變能量，企業獅子有機會為企業進行體質轉變，一般獅子則有機會成功轉換跑道，或是轉變心情重新檢視並提升事業價值。讓事業成功蛻變的關鍵元素，是善用合作資源的良好規劃。

◆ 財利運勢 ◆

上半年的投資運勢超級順遂，因為投資行星沒有負能，以超快的147天走完全球投資市場，代表不論是商務買賣或業務行銷，甚至於是股市投資求財，最好都以速戰速決的方式營造短線財利。下半年之後，就保守以對。投資標的以航空、通訊、頻果、網通、電動車、光學鏡頭等概念股。

◆ 情緣運勢 ◆

情緣運勢是吉利的，太歲星給了滿滿的祝福，單身適婚獅子值得積極掌握。不過值得提醒的是，由於太歲星腳程極其快速，因此美好的情緣運勢將會在5月17日轉變型態，而在9月4日開始出現阻礙。已婚或是已有伴侶的獅子，則要珍惜另一半，因為她（他）是你（妳）下一個20年的大貴人。

◆ 健康運勢 ◆

焦慮和壓力是無形的殺手。整體來說，獅子們的2023是健康的，因為健康星進入了一個壓力驟減，一個以慢活與疏懶為主要訴求的位置，於是獅子們唯一要妥善管理的就是焦慮了。將生活節奏放慢，降低溝通與事務回應的速度，身邊的人會感到輕鬆，獅子們自己也會感到舒服。心血管系統的保養，將會是今年的重要課題。

獅子座流月運勢

運勢較為理想的月份：2、3、5、6、7、10、11與12月。

01月 運勢：水逆發生在獅子們的健康宮位，再加上三星連結，18日之前，獅子們要留意的是職業傷害，以及染疫風險的提升。幸運的是，由於工作運勢頗佳，步步為營可望規避風險。

02月 運勢★：天王星所引導的「三刑會沖」，透露出職場事務宜循序漸進，以不變應萬變為宜。幸運的是，機會的身影十分明顯，應徵與晉升式的考試，考運佳升遷有望。

03月 運勢★★：偏財磁場格外活絡的本月，商務買賣與業務行銷都值得努力，投資求財也有利可圖。冥王星和土星同步過宮，貴人與資源磁場受到了祝福，合作的機會也大大提升。

04月 運勢：事緩則圓，指的是事業上的再投資與異動，天王星和金星的會相更透露出重要變化與抉擇同樣需要謹慎。偏財運勢頗佳，投資求財以區間運作為宜。

05月 運勢★：冥王星1日開始逆行，合作與情緣事務都有必要稍安勿躁。三星匯聚在事業宮，20日水逆開始，事業上的重要抉擇在上半月最好先有定奪。

06月 運勢★：狀似不平安的月份，其實隱藏著一股負負得正的能量。

也就是說不要被眼前的阻礙給欺騙了，因為拐個彎就是康莊大道，從不疾不徐的策略開始。

07月 運勢★★：心想事成的月份，木星的加持，心動就該馬上行動，點子就該紀錄下來做為銀子的元素。雖然如此，事業上翻盤式的重大變動還是稍安勿躁為宜。

08月 運勢：一年一次的當家作主，獅子之月，接獲的是木星的建議，那就是不宜輕舉妄動。不過由於偏財運與工作運頗佳，代表的是即便默默耕耘也會有預期中的收穫。

09月 運勢：金星獅子，木星刑剋，職場事業事務宜謹慎執行，重大抉擇與異動稍安勿躁為宜。水逆將於15日結束，生活或事業上的大筆金額的支出，最好下半月再來執行。

10月 運勢★：金星獅子已然恢復順行，天王星繼續刑剋，事業重大變革是忌諱。幸運的是，偏財運勢頗佳，按部就班，依照計畫行事，不論是投資求財，還是商業營運，都將有利可圖。

11月 運勢★★：偏財運勢持續理想，將生活中心聚焦在如何賺錢上，有機會避開職場事業上的是非爭議與口舌。默默耕耘是理想的趨吉避凶，以行動代替言語。

12月 運勢★：今年最後一次水逆，出現在13日至23日之間。愛情運勢需要多費心思，投資求財宜謹慎面對。工作運勢以辛苦有成的方式默默成長。

VIRGO 雙女座（處女座）08 月 23 日～ 09 月 23 日

不疾不徐，按部就班

> 幸運顏色：金黃色、紫色與駝色。
> 幸運物：黃金虎眼石、琥珀和紫羅蘭。
> 幸運數字：2、7、8、9 及其組合。
> 吉利方位：正南方、西南方、正西方。

想要成功一定要努力，但努力卻不一定成功，這是現實。未來的20年雙女們有機會「辛苦有成」，因為冥王星給了極大的助力，詳情請繼續看下去⋯⋯

◆ 流年運勢 ◆

　　四星匯聚在雙女座的對宮，也是最親密的人際關係宮位上，這將會是個熱鬧的一年，因為在這一年中，雙女們恐怕很難有可以獨立自主的時間和機會，這是雙女們的流年功課。從耳根子的練習開始，降低人云亦云的干擾，就有機會避開無所適從的窘況。

　　不過換個角度來說，這個「四星匯聚」也是雙女們的流年運勢「亮點」，代表有許多人在關心雙女們，將這些關心轉化成能量，這又將會是個貴人磁場滿滿的一年。

　　土星、幸運點、太陰星和海王星四星匯聚，除了海王星的負能需要提防外，其餘的星曜都提供正向能量，因此這充滿後疫情時代轉機的2023年，對於雙女們而言，只要做好完整的流年計畫，再妥善管理心情與健康，就有機會營造個貴人環繞的幸運之年。

　　冥王星進入工作宮位，土星轉進夥伴場域，雙女們需要的是按部就班，

不急著回應任何人為的挑戰與壓力，將身邊夥伴和伴侶的「自己人效應」提升到貴人等級，就從學會聆聽開始。

◆ 事業運勢 ◆

冥王星過宮，讓雙女們的工作運勢獲得了強大的能量，這是種值得投入強大精神與體力的訊息，雖然這一年還是存在著變數，不過只要方向明確，企圖心夠強，未來20年的好運就從今年開始奠定。土星也從工作宮位離開，代表的是壓力終於獲得了解脫，事業貴人也跟著浮現。

◆ 財利運勢 ◆

偏財運勢格外理想，木星從2022年12月20日進入偏財位，一路順行無阻2023年5月7日離開。對於雙女們而言，這是偏財運超級理想的時段，商務買賣、業務行銷和股市投資求財都值得努力。投資策略掌握上半年營造一整年的績效，宜以國際財經動向為依歸，標的則以光電、鏡頭、電池、電動車、生物科技、網通等概念股為佳。

◆ 情緣運勢 ◆

土星進入婚姻宮，要告訴雙女們的是，慢就是快，退後就是向前的微妙意境，換言之就是以退為進。對於單身適婚雙女們而言，還是將生活焦點擺放在工作上為宜。已婚或已有伴侶的雙女們，則因生活重心容易會在伴侶身上，於是彼此的壓力就這樣莫名出現了。

◆ 健康運勢 ◆

土星的離開，代表雙女們有機會脫離壓抑，兩年半的感覺消散了，在精神上容易出現一種雲開霧散的感覺。只不過緊接著冥王星的進駐，雖然工作運勢變好了，不過另一種成就的壓力又將會出現，因此雙女們2023年的健康只要做好不過度勞累，適時安排紓壓活動，健康與幸福將如期而至。

雙女座流月運勢

運勢較為理想的月份：2、3、4、6、7、9、10與11月。

01月 運勢：水逆雖然出現在愛情宮位，由於三星連結也一起出現，整體來說這是吉利的月份，只不過18日之前即便再樂觀，也需要事緩則圓的行事態度。

02月 運勢★：健康事務容易成為本月的主要功課，人多的地方不要去，為的是健康。偏財運勢頗佳，投資求財有利可圖，值得加倍努力。愛情運勢也理想，多愛一點愛人或是自己。

03月 運勢★★：情緣運勢陽光普照的月份，貴人的磁場十分明顯，因為就在自己的身邊。7日土星過宮，廣結善緣從聆聽開始。24日冥王星過宮，趕緊為即將開啟的工作好運許下願望。

04月 運勢★★：偏財運勢活絡的本月，再加上三星匯聚，只要加把勁商務買賣辛苦有成。不過重要事務的抉擇與異動，卻需要謹慎以對，轉化策略是換位思考。

05月 運勢：放下就是解放自己。先處理心情，再處理事情。事情愈簡單愈容易入手，心情愈單純愈幸福。三星匯聚，專注學習，快速成長。健康事務宜多費心思。

06月 運勢★：健康的功課依舊是必修，沒事少出門，防疫工作不宜馬

虎。貴人磁場明顯，值得聽聽老朋友的建議。學習是為了讓生命更精彩，也是蛻變的本錢與資源。

07月 運勢★★： 驛馬星發動的本月，心動就該馬上行動，貴人能量參與，大利主動出擊廣結善緣，就從參加陌生聚會開始。家庭重要事務，稍安勿躁為宜。

08月 運勢： 下半月三行匯聚，二行星逆行，因此重要事務上半月趕緊執行為宜。人際關係壓力驟現，謹言慎行是好策略。投資運勢佳，逢高調節為先。

09月 運勢★： 一年一度的當家作主，由於幸運之神的眷顧，這是個做好自己就功德圓滿之月。木星4日進入逆行，任何攸關日後運勢旺衰的抉擇，最好在4日之前定案。

10月 運勢★★： 順風順水，順勢而為，這是個有機會乘風而起的月份。情場、職場都有機會有所收穫。不過需要謹慎理財，任何花費與支出都最好在計畫內。

11月 運勢★： 一動不如一靜，以靜制動是本月理想的趨吉避凶。工作運勢頗佳，即便默默耕耘也容易獲得預期中的肯定。交通安全十分重要，喝酒和疲勞都不宜駕駛。

12月 運勢： 事緩則圓，指的是愛情與家庭重要事務的執行。人際關係磁場需要多用心經營，貴人磁場依舊明顯，抱持學習的心，生活更愛自己。

LIBRA 天秤座（09 月 23 日～ 10 月 23 日）

✹ 重新啟動，勇敢創新

幸運顏色：金黃色、大地色、紫色。
幸運物　：硨磲、虎眼石、百合花。
幸運數字：2、6、7、9 及其組合。
吉利方位：西南方、正西方、西北方。

生命力重新啟動是什麼樣的感覺？有一股轉變生活方式的衝動，趁著後疫情效應來個徹底改變，重新整理後的再出發，珍惜冥王星提供創造下一個20年的正能量。

◆ 流年運勢 ◆

　　20年一次的異動，出現在天秤們冒險犯難的宮位，這是一種生命力獲得重新展現機會的流年。那是冥王星20年一次的大遷徙，從天秤們的家庭宮位挪移到充滿生命力的位置，於是勇氣油然而生。第一件勇敢執行的事情應該會是「斷、捨、離」，這是再造生命內涵最重要的第一步，即便不全然是如投資求財的「停損」，也會是調整策略與節奏的「去蕪存菁」。

　　20年來的第一次遷徙，總是會舉步蹣跚，3月24日冥王星進入「勇氣」的宮位，生命力獲得點燃，大利順勢改變解讀周遭事物的思維，換個角度看世界，世界將會呈現不一樣的美麗，心動就該馬上行動。5月1日冥王星將會開始逆行，「勇氣」容易受到考驗，當冥王星在6月11日以逆行的方式離開「勇氣」的宮位，回到相對安全的保守位置，就是重新整理再出發的時候。10月10日恢復順行之後一路再度奔向「勇氣」，從此展開20年的優勢之旅，天秤們的人生將會更精彩。只不過需要留意的是這一年面對愛情與投資方面的方式，同樣需要見好便收的勇氣。

◆ 事業運勢 ◆

勇敢創新，大氣出發。2023是測試年，穩固發展的能量將會在2024年開始發酵，所以這一年要做的是嘗試加創新和創新加嘗試。土星進入工作宮位，再加上四星匯聚，堅持依照計畫逐步落實創新和嘗試後的策略。天秤們的事業容易和後疫情時代的翻轉節奏同步，而下一個20年才會是天秤們的天下。

◆ 財利運勢 ◆

投資宮位的氣勢驟升，3月至4月底的投資運勢超級理想，方向以國際財經政策動向為主，5月至9月底宜謹慎面對，靜觀其變，等待機會。偏財運勢亦佳，企業獲利與是否按照系統與計畫行事息息相關。股市投資標的宜以消費型電子、第三方支付、債券型、指數型概念股為佳。

◆ 情緣運勢 ◆

強摘的果子不甜，強求的姻緣不圓。這個世界上許多的事情是強求不得的，情感這件事就是如此。單身適婚天秤與其苦苦追求姻緣，不如忘情於事業與投資求財上為佳。已婚或已有伴侶的天秤，則需要用更明確的方式表達自己的專情，愛在心口常開才會是幸福人。箭在弦上的天秤，表白最好在4月17日之前。

◆ 健康運勢 ◆

四星匯聚在健康宮位，透露出一個訊息，那就是千萬不要過度勞累，因為容易對於身體造成不可逆的傷害。6月17日至11月4日這段期間，尤其要留意健康的養護。雖然這是個勇氣十足的流年，不過過於冒險的運動還是規避得好。安排完整的健康檢查，讓自己用健康的心情迎接生命重新啟動年。

天秤座流月運勢

運勢較為理想的月份：2、3、4、5、8與10月。

01月 運勢： 家庭重要事務，請延到18日之後再執行，尤其是購買房產事宜。新年新希望，將居家環境整理一番，布局好風水，迎接好運氣，別辜負的四星匯聚的美意。

02月 運勢★： 愛情之月，許多事情還是務實的好，激情容易誤事。機會出現了，和貴人朋友一起研究如何承接與放大。貴人十分明顯，就是事業夥伴和生活伴侶。

03月 運勢★★： 工作運勢頗佳，7日土星進駐，太陽照拂，代表的是辛苦有成。金木會相，貴人能量顯眼，合作的機會出現了就該積極掌握，投資求財以區間策略為佳。

04月 運勢★★： 冥王星進入創意宮位，9日之前先按兵不動。三星匯聚在貴人宮位，同時也是合作有成的位置，機會該順勢掌握。情緣事務，事緩則圓。

05月 運勢★： 謹慎理財，18日之前的水逆不可不防。下半月的偏財運超強，商務買賣與業務行銷都值得努力。事業運勢亦佳，轉型蛻變或是轉換跑道的大好時機。

06月 運勢： 大環境壓力不小，謹慎是本月需要的提醒。土星逆行，冥

王逆回，事業與家庭的重要事務都值得暫緩，多一些時間觀察與思考。早睡早起，提升免疫力保護健康。

07月 運勢：人多的地方不要去，因為金星將於22日開始逆行，這是價值觀容易遭受混淆的寫照。幸運的是，事業運勢頗佳，感覺對了就該勇往直前。

08月 運勢★：罕見的5星逆行將出現在本月。千頭萬緒中，只要做好這兩件事，那就是心情和健康。好心情，好健康，好運勢環環相扣。雖然如此，偏財運依舊理想，買賣投資有利可圖。

09月 運勢：謹慎與小心，提醒的是事務的執行與外出的安全。重要抉擇請避開本月，管理好情緒，生氣會趕走好運勢。搬家、修繕、購屋等重要事務，同樣需要規避。

10月 運勢★：這個世界不存在所謂的「絕對」，而是「相對」。對於很有信心的事務，同時需要事緩則圓的策略。家庭磁場頗佳，10月長假值得珍惜，提升家運的好時機。

11月 運勢：順勢而為，在本月不會只是口語，而是實實在在的轉化策略。謹慎理財是另一個提醒，多給自己三分鐘，金錢的支出與重要抉擇都是如此，事緩則圓，人緩則安。

12月 運勢：水逆將於13日上場，重要事務的抉擇與異動，最好在上半月完成。偏財運雖然理想，不過抱股過年的成數還是需要降低。人多的地方少去，避免疫情上身。

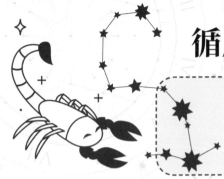

循序漸進，創造優勢

幸運顏色：藍色、白色、淡咖啡色。
幸運物：白水晶、藍晶石與海豚花。
幸運數字：1、6、7、8 及其組合。
吉利方位：正西方、西北方、正北方。

生命長短雖然重要，不過活得精彩更加重要。流年關鍵星盤中的四星匯聚，賜給天蠍們最大的流年禮物，那就是創造精彩生命的大反攻。

◆ 流年運勢 ◆

　　長得漂亮是父母給的優勢，活得漂亮才是自己的本事。經常聽人家這麼說，然而對於天蠍們來說，2023年的精彩與漂亮卻是流年磁場給的優勢。在2023年的關鍵星盤中，四星匯聚在天蠍們精彩生命的位置，而此種天星盤同時也透露出有機會開啟新生命的訊息。

　　冥王星20年一回的過宮，今年出現在天蠍們的家庭運勢位置，並且合相辛苦有成位置的太陽與水星，天蠍們有機會藉助天星的能量展現本事，讓這樣的流年不但獲得優勢，也有機會創造屬於自己的優勢。2023年只是個起手年，3月底至4月底冥王星會提供強大的能量協助天蠍們處理家庭的重要事務，這是大利成家立業的訊息，對於有意購屋換屋的天蠍們而言，也有機會如願以償。5月至10月中暫時偃旗息鼓，10月10日之後適宜為創造幸福的家大膽行動。

　　土星2年半轉移一次星座位置，3月7日將會進入創造力的宮位，和其他三個星曜在流年關鍵星盤中匯聚。透露出的訊息是天蠍們有機會循序漸進創造精彩新生命，既然是循序漸進，那麼事先的計畫就十分重要了。

◆ 事業運勢 ◆

有了太歲星的加持，天蠍們的工作運勢是吉利而正向的。太歲星在2022年12月20日就進駐，用極為快速的腳步進行，一路通暢，5月17日就離開工作宮位。此種天星訊息，要告訴天蠍們的是，工作與事業都需要速戰速決的策略，掌握上半年的契機，不論是新事業的開始，還是舊事業的轉型再出發，機會來了先做了再說。

◆ 財利運勢 ◆

金錢星在上半年的磁場十分理想，投資求財宜掌握時間點，做好計畫將一整年的業績在上半年完成。別懷疑！有太歲星的加持，只要有機會，有方向，有毅力，真的可以達成喔。9月4日之後，金錢星進入逆行，保守是必須，不過這個時候卻是醞釀下一個賺錢能量的基點。業績逆勢成長、通運、通訊、能源、新興國家基金等概念是投資理想標的。

◆ 情緣運勢 ◆

愛情的故事特別多，每個人的都不一樣，而美麗也截然不同。四星匯聚的今年，天蠍們的愛情故事將會是絢爛的，同時也會是紮實而甜蜜的。時間雖然將從3月才開始，不過開春就該有所布局，在內心世界做好準備，時機來了一觸即發。已有伴侶的天蠍，該結果的會順利結果，而需要開花的，也將容易盛開綻放。條件是，必須要有想幸福的動力。

◆ 健康運勢 ◆

健康磁場頗為理想，想要更健康的天蠍建議在上半年安排完整的健康檢查，以及專業養生諮詢與輔導，因為半年的努力將可營造後續12年的健康與幸福。9月開始，天蠍們要提高防疫的等級，口罩戴好戴滿，並且勤洗手，免疫力的提升更是刻不容緩。值得提醒的是，辛辣食物少碰為宜。

天蠍座流月運勢

運勢較為理想的月份：1、2、3、4、5、6與11月。

01月 運勢★： 水逆是本月大事件，幸運的是18日就結束。謹言慎行是天蠍們的趨吉避凶。機會來了，過濾後再執行，依舊有機會豐收。投資運勢佳，鎖定強勢股為宜。

02月 運勢★★： 貴人磁場開始發酵，合作的機會也浮現了，先掌握再檢視不遲。工作運勢頗佳，值得承接的任務再怎麼辛苦也值得。家庭的重要事務，稍安勿躁為宜。

03月 運勢★★： 重量級行星相繼過宮的本月，既是轉運，也是突破升級的月份。家庭運勢升級，大利遷徙、入宅、修造與購屋策略。愛情、投資與工作運勢都理想，加油吧！天蠍，一整年的蛻變就看現在了。

04月 運勢★★： 所有的星曜都集中在外在場域，代表的是廣結善緣是本月亮點，沒事別留在家中，把心門打開讓陽光照射進來，天蠍會紅。不過要提醒，宜規避人云亦云的盲點。

05月 運勢★： 貴人磁場十分明顯，即便這其中還是不免會出現「小聲音」，就當作成長營養劑。機會的磁場十分耀眼，再難的挑戰都有機會透過學習讓自己躍升。

06月 運勢★： 年中是檢視再出發的時間點，巧的是這個月的星空也出現了，負負得正的能量讓眼前的辛苦，在下一刻轉變成為預料之外的果實。因此勇敢地檢視，就有機會勇敢地再出發。

07月 運勢： 謹慎理財，尤其是要避開情緒性消費的機會。學習是最好也是複利最強的投資，貴人磁場也在學習的過程中獲得提升。投資求財宜以國際財經動向為依歸。

08月 運勢： 金星進入逆行狀態，木火刑剋，天蠍們眼中看見的都是貴人，就不會遇到小人，事業職場更是如此。合作的機會出現了，稍安勿躁，事緩則圓。

09月 運勢： 本月大事件就是木星進入逆行。婚姻事務謹慎談，合作案件不要談，出席人脈聚會多聽少說。投資求財宜謹慎，靜觀其變為宜。事業轉型或出發，稍安勿躁為宜。

10月 運勢： 不執著，也是一種執著。順勢而為，則是另一種隨緣。避開心情的交換，就可以避開污染好運的垃圾磁場，就從忽略別人的不禮貌開始。

11月 運勢★★： 隨緣就容易獲得好人緣。但愛情不一樣，當感覺不對的時候，暫停是為了保護彼此。貴人能力超強，廣結善緣是本月開啟好運勢的絕佳策略。

12月 運勢： 2023年最後一次水逆，出現在金錢宮，謹慎理財是必要認知。即便如此，鎖定電子類股依舊有利可圖。愛情運勢雖然理想，不過策略卻需要平實。

名利雙收，心想事成

> 幸運顏色：金黃色、寶藍與紫色。
> 幸運物 ：瑩石、紫水晶、蝴蝶蘭。
> 幸運數字：1、6、7、8及其組合。
> 吉利方位：西北方、正北方與東北方。

成家立業是人生追逐的階段願望，而名利雙收則是願望中的願望，如果這兩種「願望」都有機會在今年獲得實現，人馬座會想知道如何執行嗎？

◆ 流年運勢 ◆

　　金窩銀窩，不如自己的狗窩。什麼樣的家，才是幸福的家呢？有人說「家不在大，只要平安、幸福、溫馨就好」，但有人說「家一定要夠寬敞，夠豪華」，然而也有人認為「家是一個外出的人，渴望回去的地方」。不論是哪一種，家永遠是好運勢與幸福生命的起源地，是唯一的堡壘。而對於人馬座來說，2023年的家就是具有此種意境的地方。流年關鍵星盤中四星匯聚，得到了冥王星和金星的祝福，代表事業和財富都有機會匯聚在「家」的地方。如此說來，2023年也將會是人馬座「成家立業年」，只要為自己布局個超有感覺的「家」，就不難營造「名利雙收」的好流年。值得一提的是，這裡所稱的「家」，也是人馬座的「內心世界」，因此可以這麼說「心在哪裡，家就在哪裡」，既然流年的重頭能量出現在「家」的地方，那麼「心想事成」應該會是人馬們辛苦之後的必然。這些順遂都值得在上半年積極落實，6月17日至11月4日之間的土逆就要謹慎面對了。

◆ 事業運勢 ◆

有想過嗎？工作的目的是什麼？不管答案是什麼，2023都會是人馬們理念重整的一年。冥王星的20年異動撼動了人馬們的工作價值觀，不論過去是為名，還是為利，2023都會是回歸基本面的一年，那就是為了家人的幸福。不需要和別人比，要和過去的自己比，目標的設定從小我的實現開始。

◆ 財利運勢 ◆

在金錢宮待了20年的冥王星，開始移動了。而金錢星也進行了兩年半的遷徙，進入人馬們的家庭宮位。這是一種大利「成家」的寫照，尤其對於購屋換屋有需求的人馬，更應該展開「成家」的大計畫。不但可以覓得幸福好宅，同時在價錢上也容易很漂亮。

◆ 情緣運勢 ◆

太歲星的祝福，人馬們2023年情緣運是理想的。對於單身適婚而想婚的人馬，這是個值得為愛情投入時間與心血的一年，辛苦有成。不過太歲星的腳步需要特別留意，因為飛快還不足以形容，5月17日之前完成就是幸福的開始，否則只會進入延長賽。已有伴侶的人馬，則宜多給另一半戀愛的感覺。

◆ 健康運勢 ◆

疫情的壓力，讓即便運勢已大開的人馬們，在健康運勢上依舊有一種烏雲罩頂的感覺，這是為什麼陶文老師要人馬們重新整理工作價值的原因。而生活與人際關係上的壓力也需要舒緩，唯有如此人馬們的身體健康才有機會獲得維護。即便疫情舒緩，人馬們的防疫功課仍舊不可鬆懈。

人馬座流月運勢

運勢較為理想的月份：1、2、3、7、10、11與12月。

01月 運勢★★：新年迎接新氣息，最好的策略就是走出戶外，從倒數計時開始，進入人群迎接貴人氣息。財利運勢頗優，逢高調節獲利為先，為了是避免月中之後因為水逆而引起的變數。

02月 運勢★★：水逆結束，財利運勢依舊理想，除了有利營造股市區間財利外，工作收入也容易獲得提升，最重要的是家庭運勢同時理想，因此大利房地產購買計畫的落實。

03月 運勢★★：為家庭營造更多幸福的計畫值得繼續進行。人脈磁場十分優渥，廣結善緣是功課之一，合作創造事業機會則是課題之二。愛情的幸福指數十分神祕，主動出擊是致勝關鍵。

04月 運勢：愛情運勢升溫，上個月的努力終於出現好消息。投資求財運勢亦佳，短線獲利的機會宜掌握。財利運勢依舊理想，展現專業創造自己價值。健康運需要多一點呵護。

05月 運勢：家庭運勢依舊理想，四星連結的能量是可觀的，家庭重要事務的執行，宜積極掌握此好能量。添置不動產正巧在計畫中，就該趁機展開行動。健康運依舊需要多用心。

06月 運勢：當愛情出現開花結果的機會，全新呵護目標的達成，千萬

不要因為家族的瑣碎小聲音給耽誤。工作出現壓力，想想收入和專業價值，壓力有機會轉化成成長的能量。

07月 運勢★★：火星引起的負能，告訴人馬們的是，該放下的就不要再執著。這是個磁場紊亂之月，唯一穩健的能量來自於朋友，代表聽聽第三者的聲音，瓶頸容易迎刃而解。

08月 運勢：健康微恙，就該就醫；心情壓力，就該舒緩；工作遇到瓶頸，就該找到有愛心的專業夥伴聊聊。幸運的是，財利運勢是理想的，法人動向是觀察重點。

09月 運勢：一動不如一靜，尤其是工作上的異動，最好避開本月。值得提醒的還有交通安全方面的事務。愛情運勢最需要的是耐住性子的溝通，就從靜靜的聆聽開始。

10月 運勢★：天底下最大的誤會，就是會錯情。木海逆會，火星刑剋的本月，許多事情需要再次求證，以免會錯意。愛情如此，事業上的重要事務更是如此。

11月 運勢★：謹言慎行是一種防範，不要隨意吐露心情，才是避免負能壓力的佳策良方。財利運勢依舊理想，除了展現專業，投資求財宜以權值股為主，購屋置產之舉值得繼續執行。

12月 運勢★：人馬之月，一年一次的當家作主，卻因為海王星的刑剋，而出現無力感。火星逆行的衝剋，夥伴們的溝通需要更多的耐心。家庭重要事務，稍安勿躁為宜。

CAPRICORN 山羊座（摩羯座） 12月21日～01月20日

大破大立，判若兩人

幸運顏色：乳白、月光藍與淺咖啡色。
幸運物：瑪瑙、蛋白石與薔薇。
幸運數字：1、4、7、8 及其組合。
吉利方位：正西方、東北方、正北方。

如果生命有機會出現重大的蛻變，山羊們想要如何轉變？冥王星的過宮，讓生命出現了重大的轉變，這是宇宙的自然定律，而轉變後的下一步才是真正的學問。

◆ 流年運勢 ◆

冥王星是山羊座的守護星，將於2023年3月進行大遷移，這是一種命運大改變的寫照。仔細想想航空母艦型的行星要進行轉移，是星空中多麼重大的事件，並且還是出現在山羊座上同時又是守護星。此種20年一次的大遷徙，山羊座的命格與運勢將會出現兩種大變化，一是性格上的變化，不再山羊的山羊，將會是什麼樣的感受？很可能山羊都會喜愛上自己。其次是，對於人生價值觀的轉變，容易從刻苦耐勞步步為營到大破大立。此種判若兩人的重大轉變，山羊們身邊的朋友與家人將會感覺最為強烈，這是2023年的第一個課程。

而山羊座於2023年的第二個課程將會是「做人」，做人這堂課不好修，卻非修不可。土星進行兩年半的轉移，讓流年關鍵星盤中的「做人」宮位出現了四星匯聚的現象，對於山羊座而言，2023年將會是個充滿「做人」考驗的一年。

廣結善緣是平日就該積極執行的課題，而在「四星匯聚」的情況下執行

起來會比較帶勁，因為貴人的成效立竿見影。此種現象將會以3月至6月之間最為明顯，7月至10月之間就要謹言慎行了。

◆ 事業運勢 ◆

雖然守護星離開命宮，不過嚴謹的星座本質並不容易徹底改變，對於事業的運作而言，也需要如此。合作的機會十分明顯，遊戲規則的訂定十分重要，屆時只問系統不問人的問題，如此一來山羊座的事業運勢才有機會跟著蛻變。只不過7月22日至9月3日之間，事業上的重大抉擇與轉變最好避開。

◆ 財利運勢 ◆

什麼是大富大貴？很難想像喔！沒關係的，山羊將會有整整20年的時間慢慢想，這是守護星進入金錢宮的現象。不過值得提醒的是，由於守護星的霸氣不容易掌握，因此在出現負能的時候需要更多的穩健。3月24日進駐，5月1日開始逆行，直到10月10日才會恢復順行，因此財運以上半年為佳。投資標的以強勢、金融、第三方支付、能源、光電、醫療生技等概念股為佳。

◆ 情緣運勢 ◆

門當戶對的思維雖然八股，不過如果生活作息和性格差距太大的情緣，恐怕還是很難經營。愛情的領域沒有絕對與理所當然，彼此之間有一種無須表達的默契，各有一片天空才會是最為理想的情緣。單身適婚山羊們還是將生活焦點擺放在發財致富上為宜，賺錢的機會出現了先賺再說。

◆ 健康運勢 ◆

想成功一定要努力，但努力不一定成功，說的是想成功一定要用對方法，蠻幹苦幹不但浪費時間，同時也容易消耗體力與健康。即便這麼慎重提醒，山羊們恐怕還是很難改變，只因追求事務圓滿的星座本質使然。事業依照計畫，投資守紀律，工作不強求，健康才有機會守護。

山羊座流月運勢

運勢較為理想的月份：1、2、3、4、5、7與11。

01月 運勢★：新年新希望，只不過用水逆加上冥王星與金星會相的方式開啟序幕的今年，山羊們需要更多的智慧，掌握命運大轉變年的「眉角」。

02月 運勢★★：轉運的「眉角」掌握住了，轉變的契機也啟動了。正逢「立春節」的本月，家庭運勢格外理想，最適宜購屋換屋布局旺運風水，家人年後的聚會可提升整體好運勢。

03月 運勢★：極為重要的月份，春分節、冥王星和土星過宮開啟新時代。貴人運與家庭運都獲得了蛻變式的提升。愛情運勢格外理想，該積極的別猶豫，多愛伴侶多開心。

04月 運勢★★：貴人能量持續發酵，廣結善緣的策略就從老朋友開始。財利運勢佳，商務買賣值得努力。不過愛情事務需要謹慎面對，不處理反而是最好的處理。

05月 運勢★：水逆將於15日結束，愛情事務依舊需要謹慎面對。17日之後運勢轉為理想，因為有了太歲星的加持，愛情與投資運勢都將進入佳境。

06月 運勢：年中，到了該檢視的時候了。11日冥王星逆行回到本命，

17日土星開始逆行，停下腳步，整理思緒，重新設定年度目標，生命的蛻變將會隨之升級。

07月 運勢★：愛情的星空十分晴朗，連結的是婚姻宮，這是個開花結果的月份，該表白的別猶豫。合作機會出現了，就像姻緣值得積極掌握。偏財運亦佳，投資宜順勢調節納財。

08月 運勢：辛苦有成，有時候容易成為一種一廂情願。金逆期間（7月22日至9月13日）千萬別迷信「辛苦有成」，尤其是投資求財的部份，商務買賣也是如此。

09月 運勢：6顆行星同時逆行的機率並不大，尤其是金星參與其中，這是個需要謹慎行事的月份。謹慎理財，情況不明朗，寧可靜觀其變也不輕舉妄動。

10月 運勢：狀似不吉利的本月，其實隱藏著機會。只不過山羊們需要調整自己的心態，就從不執著開始。貴人能量如影隨形。事業與家庭之間需要尋找到平衡點。

11月 運勢★：生命開始蛻變，而且是20年的巨大變化，因為冥王星恢復順行。貴人氣勢依舊如影隨形，廣結善緣的策略就從專業學習開始。愛情事務事緩則圓。

12月 運勢：願有多大，力量就有多強。今年最後一次水逆發生在心智宮13日至1月1日，給自己正向正念是本月最需要的趨吉避凶。投資宜謹慎。

AQUARIUS 寶瓶座（水瓶座）01 月 20 日～ 02 月 18 日

氣勢提升，迎接旺運

幸運顏色：黃色、紫色與秋香綠。
幸運物 ：綠幽靈、黑曜石與七里香。
幸運數字：1、2、3、8 及其組合。
吉利方位：西南方、正東方及東北方。

一輩子才會遇到一次的 20 年大旺運，出現在 2023 年之後。2023 是寶瓶們的絕佳啟動開大運能量的流年。想要讓自己變得更強大嗎？請仔細閱讀以下文章。

◆ 流年運勢 ◆

想要強大是一種「強大的想要」，想了 20 年夠久了吧！在過去的 20 年中如果寶瓶座覺得過得還滿舒適，那就要大大地恭喜，因為那是「沒有變強需求」的訊息，有人這麼說：「你沒有變強，那是因為你一直很舒服。」

2023 年出現了兩個重大的行星訊息與能量的轉移。

一是，在心智宮待了 20 年的冥王星開始啟動大遷徙，3 月 24 日將會進駐寶瓶座，屆時寶瓶們的整體氣勢將會獲得超強的提升，這是一種「自我強大」的機會，20 年風水輪流轉十分值得掌握。不過值得提醒的是，由於冥王星將於 5 月 1 日進入逆行狀態，6 月 11 日再度回到寶瓶們的「心智宮」，10 月 10 日才會恢復順行，2024 年再度進入本命位置，開啟 20 年大運勢的序幕。由此可知，2023 是寶瓶們的練功年，練就好身手準備接納一輩子只有一次的超強旺運機會。

其次是，土星將會離開寶瓶座，兩年半以來的壓力將會獲得解除，因此2023 是寶瓶座的絕佳開運年。

◆ 事業運勢 ◆

世界上最遠的距離是，想變強到真正變強之間；而世界上最短的距離則是，想變強到可以真正變強。機會來了，距離近了。開始行動，「強大」就會被啟動。就從積極廣結善緣開始，因為強大的貴人能量正在等著寶瓶們承接，這是一種向上鏈結的訊息，對於事業運勢的提升具有強大的助益。

◆ 財利運勢 ◆

土星於3月7日進入金錢宮，乍看之下感覺到的是壓力，不過仔細檢視不難發覺到「穩健」的能量，土星是寶瓶們的守護星進入金錢宮，理財自然會更謹慎，而此種謹慎的態度就是未來整體經濟環境不理想的絕佳策略。事業需要計畫，理財和投資也需要計畫，按圖施工，保證成功。

投資理想標的：電動車、通運、能源、宅經濟、生技、消費性電子等概念股。

◆ 情緣運勢 ◆

家庭運勢十分理想的今年，想要讓情緣和姻緣運勢理想的絕佳策略，就是先布局個幸福的家。對於有意購屋或換屋的寶瓶座而言，這是值得行動的流年，吉屋可望覓得，並且有機會購得旺財富的好宅。值得一提的是，冥王星入命的流年，對於命運中的負能具有修正的神效，而愛情就是其中的一個選項。

◆ 健康運勢 ◆

雖然整體運勢容易出現大好的發展，不過冥王星強大的能量需要妥善的管理，只因為這是最容易陷入「拚命」而不自知的情況。健康是最大的財富，人生不是一項百米賽跑，因此即便冥王星眷顧，也不需要爆發性賣命的策略，也就是老一輩常說的「賺錢有數，性命要顧」。

寶瓶座流月運勢

運勢較為理想的月份：1、2、3、5、7、10與11。

01月 運勢★： 識時務是俊傑，說的是隨緣順勢，才有機會輕鬆自在。除了水逆，這是個吉利的好月。即便有再大的信心，也需要象徵性的客觀一下，水到渠成才會如預期。

02月 運勢★： 寶瓶之月，一年一次的當家作主。由於三刑會沖開啟序幕，家庭中的重要事務稍安勿躁為宜。幸運的是貴人明顯，抱持學習的心待人處事，依舊會是個吉利之月。

03月 運勢★★： 土星於7日離開寶瓶座，終於開運了！金錢宮陽光普照，財利運勢頗佳，商務買賣與業務行銷值得多用點力。貴人能量依舊明顯，廣結善緣的功課不宜停歇。

04月 運勢： 冥王星正式進入本命，攸關日後運勢旺衰的重要事務，宜遵守事緩則圓的原則。20日水逆，謹言慎行，事業上的異動避之為宜。

05月 運勢★： 以靜制動的策略，本月繼續適用。愛情事務甜蜜就好，可以包容的地方就別再堅持。工作運勢頗佳，機會星氣勢活絡，勇敢承接化不可能為圓滿。

06月 運勢： 人間6月天，但這個6月卻充滿負能。11日冥王星逆行離開

寶瓶座，17日土星開始逆行，需要留意的是財務上的謹慎運作，合作案件稍安勿躁。

07月 運勢★★：家庭運勢頗佳，適宜搬家入宅修造，以及購屋置產之舉。家人的事業運勢也十分理想。工作運勢也理想，做該做的事，抱持學習的心，事務執行會更圓滿。

08月 運勢：謹慎理財，正財與偏財雙雙不理想的本月，投資買賣還是以觀察代替行動為宜。家不是說理的地方，多一些關懷與包容，幸福指數才容易提升。

09月 運勢：謹慎理財的建議，本月持續。水逆的衝剋，商務買賣薄利多銷求現為先。家庭重要事務避之為宜，因為木星於4日開始逆行，大忌搬家入宅。

10月 運勢★：乍看不吉利的天象，其實隱藏著一股準備起飛的好運勢。那是「風箏」，只要掌握住金錢宮的領航星，偏財位的尾翼星就有機會跟隨旺財旺運。

11月 運勢★：風箏繼續飛翔，偏財運勢依舊理想，商務買賣有利可圖，投資求財留意觀察國際財經動向。不過事業上的重要轉變與抉擇，還是避開本月為宜。

12月 運勢：土星恢復順行，寶瓶們開運了！按部就班，步步為營，不是口號，而是寶瓶們的旺運策略。貴人磁場明顯，13日水逆之前，大利積極廣結善緣。

PISCES 雙魚座（02月18日～03月20日）

壓力越大，成就越大

幸運顏色：藍色，紫色、粉綠。
幸運物　：藍晶石、紫水晶、向日葵。
幸運數字：1、3、4、8及其組合。
吉利方位：正東方、東北方、正北方。

2023年最特殊，卻不是最耀眼的星座。2023年最辛苦，卻是成就最大的星座。2023年壓力最大，卻是最有機會重新出發打造新生命的星座。

◆ 流年運勢 ◆

　　精彩的四星匯聚出現在雙魚們的本命位置，再加上天王星和金星的祝福，雙魚們將會是2023年最耀眼的星座。雖然土星的進駐，未來的兩年半肯定會比別人多了許多的壓力，不過卻也因此多了擔當大任的機會，只要步步為營，依照計畫行事，成就與蛻變也會比別人強大。

　　冥王星離開待了20年的大眾人脈宮位，進入雙魚們的心智宮，雖然人際關係的驟然改變，讓雙魚們感到不習慣，不過心智與靈魂的偉大，卻是真正的千載難逢。這是一種新生命或新生活開始的象徵，因為內心強大才是真正的強大，這個時候即便遇到了困境，也會轉化成有意義的養分。雙魚們迎接2023年最需要做好的準備就是繫好安全帶，因為運勢火箭就要發射了。

　　不經一番寒徹骨，怎得梅花撲鼻香。說得美，不過事實上也是如此，土星入命並沒有想像中的那麼可怕。而是有機會收斂起舒適圈的眷念，拾起火星的合相能量，創造別於過往的人生境界。至於另一個重新出發打造新生命的意境在於冥王星的過宮，20年一次，這一次的故事出發地在於雙魚們的心念領域，因此同樣的「內心強大，才是真正的強大」，再度出現在雙魚們的心

中。這是個很特殊的流年非常值得珍惜，因為這輩子應該只會碰到這一次了。

◆ 事業運勢 ◆

內心強大，才是真正的強大。2023年在雙魚們的內心世界肯定有一幅強大的事業地圖，正等待雙魚們去實現，千萬別辜負了流年關鍵星盤中冥王星合相工作星的美意。5月1日至10月10日之間，所有的重大抉擇都需要避開，這是個愈努力愈偏差的時段，不妨停下腳步安排專注在學習的領域，為10月10日之後的20年大世紀做好準備。

◆ 財利運勢 ◆

太歲星的眷顧，雙魚們的財利運勢如事業運勢一樣十分強大，因為有了太歲星的加值。只不過由於太歲星從2022年12月20日進入金錢宮之後，一路奔走沒有停歇，9月4日開是進入逆行。逆行前見好便收，積累籌碼準備10月10日之後的再起。投資標的宜以國際財經政策、金融、強勢股、資產、生活消費、能源、醫療等概念股為佳。

◆ 情緣運勢 ◆

心在哪裡，世界就在哪裡。對於整體焦點容易集中在事業與自我成長領域的今年來說，最容易被忽略就是愛情事務了。單身適婚想婚的雙魚，有必要規劃出經營愛情的時間。已有伴侶的雙魚也是如此，賺到了鈔票，賠了愛情，等於職場成功情場失意，多一點陪伴以便創造三贏。有機會成家就該牢牢掌握，就從構築幸福愛巢開始。

◆ 健康運勢 ◆

流年關鍵星盤中的健康星磁場並不理想，因此健康與養生成為了2023年雙魚們的重要課題。首先要提醒的是，居家環境的整理，陽光充足，空氣流通，外出的衣物不宜直接穿進家中。情緒的管理也十分重要，心急不處理事情，心臟的養護需要更多的心思。壓力是無形殺手，需要適當舒緩。

雙魚座流月運勢

運勢較為理想的月份：1、3、4、5、6、7、8與11月。

01月 運勢★： 新年新希望，願有多大，力量就有多強。心想事成的能量正巧在這個時候獲得開啟，請為未來的這一年許下心願，設下目標。值得一提的是，水逆14日開始上場，因此許願愈早愈好。

02月 運勢： 新年氣息依舊濃厚，尤其是農曆過年也在本月，而太歲星也在呼朋引伴釋放吉利能量，這是個超級幸運的月份。這個月最好的旺運策略就是祝賀新年，即便是不喜歡的對象也要祝福。

03月 運勢★： 雙魚之月，一年一次的當家作主，又有太歲星的會相加持，此種超幸運的天星景象12年才會出現一次，值得用力掌握。貴人氣息十分明顯，廣結善緣的動作宜持續。

04月 運勢★： 幸運的太歲星繼續釋放幸運的能量，貴人的能量也持續不減，主動參加高等級的人脈團隊，讓貴人磁場獲得升等的機會。財利運勢亦佳，投資求財以短線靈活為主要策略。

05月 運勢★： 今年第二次水逆出現在本月10日至下月3日，雙魚們的家庭位置，代表與家運有關的重要事務稍安勿躁為宜。不過四星連結在雙魚座，整體運勢依舊是吉利的，人脈連結宜持續。

06月 運勢★： 土逆出現在本月4日至10月22日之間，對於雙魚而言，

這是個容易預設立場時間點。太歲星已進入金錢宮，由於合相家庭能量，因此家庭事務包括購屋置產在內都容易順遂如意。

07月 運勢★： 謹慎理財的建議值得參考，尤其是28日之後的木星逆行，容易因為錯誤的慷慨而遭受損失。事緩則圓，切莫因為急於一時，而錯失良機與商機。家庭運勢依舊理想，購屋置產依舊值得進行。

08月 運勢★： 木逆期間謹慎行事為宜，因為木星就是雙魚們的守護星，再美好的投資機會也需要審慎再審慎。各人自掃門前雪，休管他人瓦上霜，少管閒事為宜。愛情運勢頗佳，愛是本月開運重要元素。

09月 運勢： 今年第三次水逆出現在本月10日至下月2日，由於太歲星的衝剋，本月宜謹慎理財，商務買賣收款要勤快。健康磁場並不理想，沒事少出門。事業有貴人相助，要釋放感恩的訊息。

10月 運勢： 決戰境外是一種自保的策略，在海王星與守護星雙雙受到衝擊的本月，十分需要。建議將生活焦點擺放在廣結善緣上，勤於參加社團活動，即便是線上的讀書會都有助益。

11月 運勢★： 火星兩年逆行一次，時間10月30日至明年1月12日，位於家庭位置。除了要耐住性子與家人互動外，重要事務也宜避開這段期間。廣結善緣的功課宜繼續，為明年積累貴人籌碼。

12月 運勢： 今年的第四次水逆，時間19日至明年1月12日，影響家務和職場事務。直白說，職場的事務處理宜大氣，莫為小事傷腦筋。這是個需要妥善管理情緒的月份，心開運就開。

2023兔年開財運賺大錢

作　　者－陶文
主　　編－林菁菁
企　　劃－謝儀方
校　　對－和蘭豆、田小貞
封面設計－楊珮琪、林采薇
封面攝影－吻仔魚攝影工房李國輝
內頁設計－李宜芝

第五編輯部總監－梁芳春
董 事 長－趙政岷
出 版 者－時報文化出版企業股份有限公司
　　　　　108019　臺北市和平西路3段240號3樓
　　　　　發行專線／（02）2306-6842
　　　　　讀者服務專線／0800-231-705、（02）2304-7103
　　　　　讀者服務傳真／（02）2304-6858
　　　　　郵撥／19344724時報文化出版公司
　　　　　信箱／10899臺北華江橋郵局第99信箱
時報悅讀網－http://www.readingtimes.com.tw
法律顧問－理律法律事務所 陳長文律師、李念祖律師
印　　刷－勁達印刷有限公司
初版一刷－2022年11月4日
定　　價－新臺幣499元
（缺頁或破損的書，請寄回更換）

時報文化出版公司成立於一九七五年，
並於一九九九年股票上櫃公開發行，於二〇〇八年脫離中時集團非屬旺中，
以「尊重智慧與創意的文化事業」為信念。

2023兔年開財運賺大錢/陶文著. -- 初版. -- 臺北市：時報文化出版企業
股份有限公司, 2022.11
　　面；　公分

ISBN 978-626-353-030-0(平裝)

1.CST: 生肖 2.CST: 改運法

293.1　　　　　　　　　　　　　　　　　　　111015939

ISBN 978-626-353-030-0
Printed in Taiwan